한글로 바로 읽는

영어
발음

한글로 바로 읽는 영어 발음

지은이 박형근
펴낸이 정규도
펴낸곳 (주)다락원

초판 1쇄 발행 2022년 1월 24일

편집총괄 허윤영
책임편집 유나래
디자인 하태호
전산편집 이현해
내지 삽화 Kelci Jun
표지 삽화 박주영
이미지 shutterstock

다락원 경기도 파주시 문발로 211
내용문의: (02)736-2031 내선 523
구입문의: (02)736-2031 내선 250~252
Fax: (02)732-2037
출판등록 1977년 9월 16일 제406-2008-000007호

값 14,000원
ISBN 978-89-277-0154-5   13740

www.darakwon.co.kr
다락원 홈페이지를 방문하시면 상세한 출판정보와 함께 동영상 강좌, MP3 자료 등 다양한 어학 정보를 얻으실 수 있습니다.

음절 블록으로 단어를 읽는
신개념 파닉스 학습법!

한글로 바로 읽는

영어
발음

서울대 의학 박사
발음 닥터 박형근 지음

DARAKWON

정확한 발음을 알려면 발음기호는 필수!

여러분은 영어 발음에서 어떤 것이 가장 중요하다고 생각하나요? 우선, 영어 철자와 발음기호에 맞는 정확한 발음을 아는 것이 매우 중요하겠죠. s를 'ㄱ'처럼 읽고, k를 'ㄹ'처럼 읽어서야 전혀 발음이 맞지 않을 테니까요. 따라서 우선은 영어의 발음기호를 잘 알아야 합니다.

발음기호는 영어 단어를 어떻게 읽는지 알려 주는 암호 풀이 책과도 같습니다. 우리말은 철자만 봐도 어떻게 읽는지 금방 알 수 있지만, 영어는 철자와 발음이 일치하지 않는 경우가 많아서 철자만 봐서는 어떻게 읽는지 알기 어렵습니다. 이때 사전에서 어떻게 발음하는지 알려 주는 힌트가 바로 발음기호입니다.

영어는 철자만 보고 대충 읽다 보면 엉뚱하게 발음할 수 있습니다. 예를 들어 no는 [노우]이지만, 비슷한 철자인 now는 [나우]이고, 앞에 k가 붙은 know는 또 [노우]로 읽습니다. 그래서 발음기호를 잘 알아야 단어를 정확하게 발음할 수 있습니다.

정확한 발음만큼 중요한 것은 정확한 음절!

많은 한국 사람이 영어를 정확하게 발음하기 위해 노력합니다. 시중에는 다양한 발음 책과 강의도 많고, 유튜브에서도 '영어 발음'을 검색하면 발음에 대한 영상이 쏟아져 나옵니다. 심지어 몇 년 전에는 동양인은 혀가 짧아서 영어 발음이 좋지 않다고 생각해, 설소대라는 부분을 잘라 혀를 길게 늘리는 수술이 유행한 적도 있습니다.

하지만 영어 발음에서 정말로 중요한 것은 따로 있습니다. 바로 영어의 음절입니다. 아무리 각각의 영어 소리를 잘 알고 발음한다고 하더라도 잘못된 음절로 발음하면 정말 어색하게 들립니다.

예를 들어 볼게요. 여러분은 English를 몇 글자로 발음하나요? '잉/글/리/쉬'라고 4글자로 발음하는 분이 많을 겁니다. 하지만 실제로 English는 2마디로 발음해야 하는 2음절 단어입니다. 일본 사람이 5글자인 우리말 '감사합니다'를 7글자 '가무사하무니다'로 늘려 발음하면 이상하게 들리듯, 영어 음절을 우리말처럼 늘려서 발음하면 원어민 귀에는 우습게 들립니다.

하지만 실제로 영어를 배울 때 제대로 된 음절을 익히는 것은 어렵습니다. 우리가 많이 쓰는 인터넷 어학 사전을 포함해 많은 사전에서 음절을 따로 표시해 주지 않기 때문이죠. 그러다 보니 자꾸 어색한 한국식 발음으로 소리 내게 됩니다.

발음과 음절을 쉽게 배우는 법 – 블록식 영어 발음 훈련법

이 책은 제가 블록으로 아이들에게 영어를 가르쳐 본 경험을 살려, 정확한 음절로 영어를 읽는 법을 정리한 것입니다. 알파벳 문화권의 경우, 글자를 쭉 늘어 놓아도 원어민들은 음절을 파악하는 데 어려움이 없습니다. 그러나 우리는 음절을 파악하는 데 힘이 들지요. 우리말은 자음과 모음이 만나 하나의 글자가 되고, 하나의 글자는 하나의 음절이 됩니다. 이를 응용해서 한 음절을 '음절 블록'으로 표기하는 신개념 발음 학습법을 만들게 되었습니다. 이 블록 표기법은 음절뿐만 아니라 단어의 강세와 더불어 철자까지 쉽게 익히는 데 큰 도움이 됩니다.

이 책에서는 크게 세 가지 사항을 중점적으로 배웁니다. 첫 번째로, 영어 발음에 익숙하지 않은 분들을 위해 영어의 기본적인 소리를 자음과 모음으로 나누어 학습합니다. 모든 자음과 모음 소리는 한글로 표시하여, 영어 소리에 익숙하지 않은 분들과 영어 발음기호를 처음 접하는 분들도 최대한 쉽게 익힐 수 있게 하였습니다. 다만, 실제 한글 발음과 영어 발음은 다르기 때문에, 한글 표기는 처음에 배울 때 참고만 하고 원어민이 발음한 MP3를 반복해서 들으면서 실제 발음을 익혀 보세요.

두 번째로, 한국어와는 다른 영어의 음절에 대해 정확하게 배웁니다. 예를 들어 cup은 우리말도 영어도 1음절로 발음합니다. 하지만 strong은 영어로는 1음절 단어지만, 우리말로는 자칫 [스트롱]이라고 3음절로 잘못 발음하게 됩니다. 이 책에서는 우선 음절에 대한 개념을 배우고, 1음절 단어를 기본으로 해서 우리가 단어의 음절을 잘못 발음하는 여러 가지 상황에 대해 배울 겁니다.

마지막으로, 2음절 이상의 단어들을 통해 단어의 음절 수뿐 아니라 강세까지 익힙니다. 영어에서 강세는 음절만큼이나 매우 중요합니다. 그런데 우리말에는 강세가 없다 보니 영어를 발음할 때도 밋밋하고 억양 없이 발음하는 경우가 많습니다. 따라서 블록의 크기를 이용해 단어 속 강세도 직관적으로 알 수 있게 하였습니다.

이 책을 통해 단순히 영어 발음뿐만 아니라 음절과 강세도 제대로 익혀서, 한국식 영어 발음에서 벗어나 정확하고 유창한 발음으로 영어를 말할 수 있게 되기를 바랍니다.

박 형 근

영어와 한국어 발음의 차이 익히기

한국어와 영어 발음이 근본적으로 어떻게 다른지 살펴보고, 영어 발음을 쉽게 익힐 수 있는 '블록 표기법'을 소개합니다. 다양한 예시를 들어 친절하게 설명했으니 차근차근 읽어 보세요.

꼭 알고 넘어가야 할 핵심 설명은 형광펜으로 강조했습니다. 특히 집중해서 읽어 보세요.

설명에 대한 이해를 돕는 원어민 발음도 함께 제시합니다. QR코드를 찍어서 바로 들어 보세요.

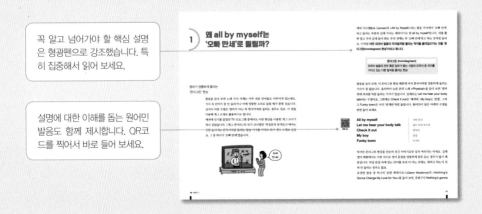

블록 표기법으로 영어 단어 읽기

본격적으로 영어의 자음과 모음 소리를 공부하는 파트입니다. 쉬운 1음절 단어를 중심으로 각 소리를 블록에 넣어 읽는 법을 배웁니다.

■ 준비하기

각 챕터를 시작하기에 앞서, 영어 소리의 특징에 대한 기본적인 지식을 익힙니다. 블록 표기법도 함께 익힐 수 있습니다.

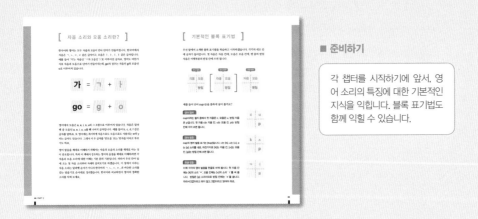

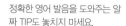
정확한 영어 발음을 도와주는 알
짜 TIP도 놓치지 마세요.

■ 소리 익히기

QR코드를 찍어 원어민의 정확
한 발음을 들어 보세요.

알맞은 영어 발음법을 자세히 익
힙니다.

블록에 넣은 영어 단어를 음절에
맞게 읽어 봅니다.

빈칸에 영어 발음과 한글 발음을
직접 쓰고 연습해 봅니다.

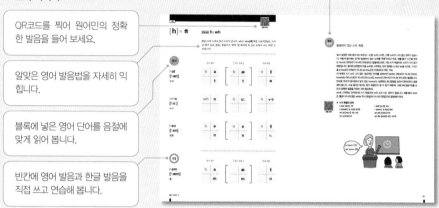

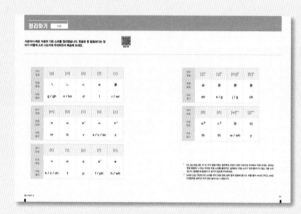

■ 정리하기

각 챕터에서 배운 소리를 묶어
서 정리하는 코너입니다. 학습
이 끝난 후에 복습할 때 사용해
보세요.

■ 연습하기

앞에서 학습한 내용을 제대로 이
해했는지 확인하는 연습 문제입
니다. 빈칸을 채운 다음 책 뒤쪽
에 있는 정답과 맞춰 보세요.

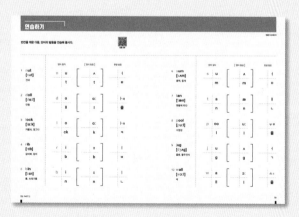

2음절 이상 긴 단어 읽기

4 PART

앞에서 배운 내용을 바탕으로, 2음절 이상의 긴 단어를 읽는 법을 익혀 봅니다. 영어의 음절을 더욱 깊이 있게 이해할 수 있습니다.

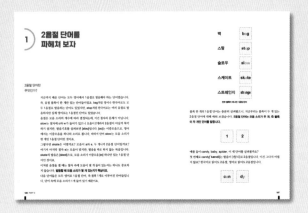

2음절 단어의 특징에 대해 살펴 봅니다. 설명을 읽으면서 핵심 개념을 익혀 보세요.

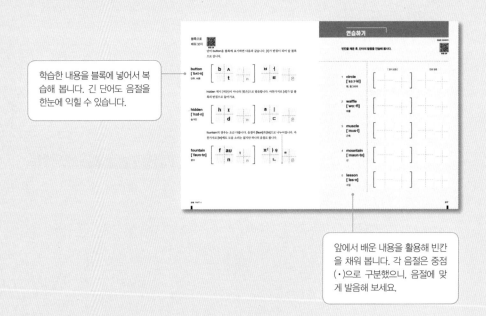

학습한 내용을 블록에 넣어서 복습해 봅니다. 긴 단어도 음절을 한눈에 익힐 수 있습니다.

앞에서 배운 내용을 활용해 빈칸을 채워 봅니다. 각 음절은 중점(·)으로 구분했으니, 음절에 맞게 발음해 보세요.

ANSWERS 정답 맞춰 보기

앞에서 푼 '연습하기'의 정답을 확인할 수 있습니다. 맞게 풀었는지 확인해 보고 원어민의 음성도 같이 들어 보세요.

WORD LIST 기초 단어 리스트로 음절 연습하기

교육부에서 지정한 초등 기초 영단어를 A, B, C 순서대로 음절 블록과 함께 정리했습니다. 2음절 이상의 단어는 음절을 각각 분리해서 제시했으니, 음절에 맞게 읽어 보세요.

MP3 활용하기
MP3를 듣고 원어민 발음을 확인해 보세요. 스마트폰으로 책에 나온 QR코드를 찍으면 원어민의 음성을 바로 들을 수 있습니다. 다락원 홈페이지(darakwon.co.kr)에서 MP3 파일을 무료로 다운로드 받을 수도 있습니다.

PART 1

영어 발음, 어떻게 배워야 할까? : 영어 발음이 바뀌는 음절의 비밀

PART 2

영어 발음이 되는 음절 훈련법 : 한국어 음절과 '같은' 1음절 영단어

Chapter 1 ▶ 자음

PART 3

영어 발음이 되는 음절 훈련법 : 한국어 음절과 '다른' 1음절 영단어

Chapter 1 ▶ 이중자음

Chapter 2 ▶ 이중모음

Chapter 3 ▶ 받침 자음

Chapter 4 ▶ 이중 받침

PART 1

영어 발음,
어떻게 배워야 할까?

: 영어 발음이 바뀌는
  음절의 비밀

한국 사람들이 영어를 공부하면서 가장 익히기 힘든 부분 중 하나가 바로 영어의 발음입니다. 많은 사람이 원어민처럼 발음하려고 노력하지만, 비슷하게 발음하는 것조차 쉽지 않을 때가 많습니다. 이 파트에서는 한국어와 영어 발음의 가장 큰 차이점이 무엇인지 알아보고, 어떻게 하면 영어 발음을 쉽게 익힐 수 있을지 살펴보겠습니다.

1 왜 all by myself는 '오빠 만세'로 들릴까?

**영어가 엉뚱하게 들리는
'몬더그린' 현상**

팝송을 듣다 보면 노래 가사 자체는 아주 쉬운 단어들로 이루어져 있는데도,
가사 속 단어가 잘 안 들리거나 아예 엉뚱한 소리로 들릴 때가 종종 있습니다.
심지어 어떤 구절은 영어가 아닌 꼭 한국어처럼 들리는 경우도 있죠. 이 점을
이용해 개그 소재로 활용하기도 합니다.

예전에 인기를 끌었던 TV 프로그램 중에서도 이런 현상을 이용한 개그 코너가
하나 있었습니다. 〈개그 콘서트〉의 인기 코너였던 '박성호의 뮤직토크'에서는
언뜻 들어서는 한국어처럼 들리는 팝송 가사를 가지고 와서 개그 소재로 삼았
죠. 그 중 하나가 '오빠 만세'였습니다.

에릭 카르멘(Eric Carmen)의 <All by Myself>라는 팝송 가사에서 '오빠 만세'라고 들리는 부분의 실제 가사는 제목이기도 한 all by myself입니다. 귀를 활짝 열고 주의 깊게 들어 봐도 우리 귀에는 꼭 '오빠 만세'라고 하는 것처럼 들리죠. 이처럼 **어떤 외국어 발음이 우리말처럼 들리는 착각을 불러일으키는 것을 '몬더그린(mondegreen) 현상'이라고 합니다.**

> **몬더그린 (mondegreen)**
> 외국어 발음의 전부 혹은 일부가 듣는 사람의 모국어 중 의미를 가지고 있는 다른 말처럼 들리는 현상

팝송을 듣다 보면, 이 몬더그린 현상 때문에 마치 한국어처럼 엉뚱하게 들리는 가사가 참 많습니다. 올리비아 뉴튼 존의 노래 <Physical>을 듣다 보면 '냄비 위에 파리똥'처럼 들리는 가사가 있습니다. 실제로는 Let me hear your body talk라는 구절이죠. 그밖에도 Check it out은 '제껴라', My boy는 '말벌', 그리고 Funky town은 마치 '번개탄'처럼 들립니다. 원어민이 읽은 아래의 구절을 한번 들어 보세요.

발음 001

All by myself	오빠 만세
Let me hear your body talk	냄비 위에 파리똥
Check it out	제껴라
My boy	말벌
Funky town	번개탄

하지만 몬더그린 현상을 단순히 웃긴 이야기로만 넘겨 버리지는 마세요. 실제 영어 회화에서도 이런 식으로 영어 문장을 엉뚱하게 잘못 듣는 경우가 많기 때문입니다. 막상 문장 속에 있는 단어를 보면 다 아는 건데도, 뭐라고 하는지 전혀 안 들리는 경우도 많죠.

유명한 팝송 중 하나인 글렌 메데이로스(Glenn Medeiros)의 <Nothing's Gonna Change My Love for You>를 들어 보면, 후렴구인 Nothing's gonna change my love for you ~까지는 어찌어찌 들리는데, 뒤따라 나오는 You ought to know by now ~라는 문장은 잘 안 들립니다. know, by, now, 다 아는 단어인데도 잘 안 들리니 참 이상한 일이죠.

그렇다면 대체 위의 영어 가사는 왜 우리 귀에 엉뚱하게 들리는 걸까요? 왜 쉬운 단어로 이루어진 영어 문장도 귀에 바로 들어오지 않을까요? 그 이유는 역설적으로 **우리가 영어 단어를 너무 많이 알고 있기 때문입니다.**

왜 영어가
한국어처럼 들릴까?

우리는 유치원 또는 초등학교 때부터 계속해서 수많은 영어 단어를 외우고 공부해 왔습니다. 그뿐만 아니라 우리 주변에도 영어로 된 다양한 말을 찾아볼 수 있습니다. TV만 틀어 봐도, 길거리를 둘러봐도, 영화 제목부터 가게 간판에 이르기까지 온통 영어 단어들로 가득합니다.

보통 영어 단어를 많이 알면 알수록 영어가 더 잘 들려야 할 것 같은데, 그게 오히려 영어가 잘 안 들리는 이유라고 하니 이상하게 생각될 텐데요, 그렇다면 영어 단어를 많이 아는 것과 영어가 잘 들리지 않는 이유는 어떤 관계가 있을까요? 그것은 바로 **영어 단어를 우리말과 억지로 맞춰서 익혀 왔기 때문입니다.**

우리는 영어를 어렸을 때부터 많이 접해 왔기 때문에, 무의식적으로 영어 단어를 우리말처럼 생각하고 한국식 발음으로 말하는 경우가 많습니다. 예를 들어 love는 '러브', bus는 '버스', 이런 식으로 말이죠. 주변을 둘러봐도 news는 '뉴스', strong은 '스트롱', strawberry는 '스트로베리', self는 '셀프', 이렇게 영어를 한국어처럼 쓰고 말하고 있는 것을 발견할 수 있습니다. 이러다 보니 원어민 발음을 들어도 영어가 쉽게 안 들리는 것이죠. 다음 원어민 발음을 들어 보면 우리가 평상시 쓰는 영어 단어가 실제 발음과 얼마나 큰 차이가 있는지 확인할 수 있을 겁니다.

love	러브 (X)
bus	버스 (X)
news	뉴스 (X)
strong	스트롱 (X)
strawberry	스트로베리 (X)
self	셀프 (X)

우리들은 대부분 어려서부터 영어를 배워 왔고, 영어 발음이 우리말 발음과 다르다는 것은 잘 알고 있습니다. 예를 들어 love의 l과 우리말 'ㄹ' 발음이 다르다는 것과 v와 우리말 'ㅂ' 발음이 다르다는 것 정도는 잘 알고 있죠. 그리고 많은 사람이 원어민처럼 발음하기 위해 발음에 대한 프로그램이나 책을 따라 열심히 발음 연습을 합니다.

영어 단어를 발음할 때 각 철자의 발음을 정확히 하는 것은 물론 중요합니다. 그러나 그것 말고도 매우 중요한 것이 있습니다. **바로 영어 단어의 음절과 강세 (accent)입니다.** 특히 영어의 음절, 즉 단어를 몇 마디로 발음하는지가 아주 중요하죠.

사실 all by myself가 '오빠 만세'로 들리는 이유는 우리가 a, b, m, s의 발음을 몰라서가 아닙니다. 그 안에 있는 단어의 음절을 잘못 알고 있기 때문이죠.

그렇다면 all by myself는 몇 마디로 발음해야 맞을까요? 우리는 by는 [바/이]라는 2마디 단어로, my는 [마/이]라는 2마디 단어로, self는 [셀/프]라는 2마디 단어로 잘못 생각하는 경향이 있습니다.

self ≠ [셀/프]

그래서 all by myself는 우리 머릿속에서 '올 바이 마이셀프', 이렇게 총 7개의 음절, 즉 7개의 발음 마디를 가진 말이 됩니다. 하지만 실제로 원어민 발음을 들어 보면 all by myself는 4음절, 즉 4마디로 발음합니다. 그러다 보니 우리 머릿속의 7음절과 귀에 들리는 4음절이 일치되지 않는 것이죠. 우리 귀에 들리는 것은 단어들의 처음 소리인 '올, 바, 마, 셀'의 4음절이기 때문에, 같은 4음절이고 비슷한 발음을 가진 '오빠 만세'랑 비슷하게 들리는 것이죠. 나도 모르게 본능적으로 같은 음절 수를 가진 비슷한 우리말을 찾는 것입니다.

음절을 모르니까 이상하게 들린다

비슷한 4글자로 들린다

2 왜 음절이 중요할까?

영어와 한국어 음절은 어떻게 다른가?

'음절'이란 정확하게 무엇일까요? **음절(syllable)은 단어 중 한 호흡에 나오는 말의 개수, 즉 한 번에 발음하는 소리 마디**를 뜻합니다. 우리가 쓰는 한국어는 단어의 한 글자, 한 마디가 한 음절에 해당합니다. 예를 들어 한 글자인 '응'은 1음절, 두 글자인 '아니'는 2음절이죠.

응: 1음절   아니: 2음절

하지만 영어는 이렇게 한국어처럼 생각하면 음절이 헷갈릴 수 있습니다. 예를 들어 보겠습니다.

한국어	영어
펜 1음절	**pen** 1음절
바나나 3음절	**banana** 3음절

위의 단어는 한국어와 영어 단어의 마디 숫자와 음절이 일치하는 경우를 보여주는 예입니다. pen과 banana는 한국어와 영어 둘 다 음절 수가 같아서 쉽게 발음할 수 있죠. 하지만 영어에는 한국어와는 음절 수가 전혀 다른 단어가 훨씬 많습니다. 아래 예를 살펴볼까요?

한국어	영어
스키 2음절	**ski** 1음절
아이스 3음절	**ice** 1음절

한국어 '스키'는 2음절, 즉 [스/키]입니다. 그러나 영어 ski는 1음절 단어입니다. **영어에는 우리말의 'ㅡ' 모음이 없기 때문입니다.** 그래서 ski를 발음할 때에는 한 호흡, 즉 1음절로 한 번에 [ㅅ키] 하고 발음해야 합니다.

한국어는 2음절 [스/키]   영어는 1음절 [ㅅ키]

ice도 마찬가지입니다. 영어로는 [아이스]라고 또박또박 3음절로 발음하면 안되고, 한 호흡으로 1음절로 발음해야 합니다. 영어에서 [아이]라는 소리는 이중모음으로, 하나의 모음 소리로 보기 때문이죠.

아래 발음을 들으면서 영어와 한국어 음절을 비교해 보세요.

발음 003

pen 펜	⋮	1음절
banana 바나나	⋮	3음절
ski 스키	⋮	1음절
ice 얼음	⋮	1음절

이처럼 한국어와 영어는 음절에 차이가 있기 때문에, 영어 단어를 공부할 때에는 그 단어의 음절을 정확히 아는 것이 무엇보다 중요합니다.

노래에서 드러나는
영어와 한국어의 음절 차이

그렇다면 단어의 음절을 아는 것은 왜 중요할까요? 그 이유는 한 호흡에 한 음절씩 발음해야 하기 때문입니다. 음절, 즉 단어의 발음 수를 모르면 영어를 말할 때 어색한 발음이 되는 것은 물론, 들을 때도 영어가 엉뚱하게 들릴 수 있습니다.

음절을 이해하는 데 있어 좋은 방법 중 하나는 노래입니다. 노래를 들어 보면 **하나의 음표에 한 음절**이 들어 있는 것을 알 수 있습니다. 노래를 통해 영어의 음절과 강세를 자연스럽게 익힐 수 있다 보니, 어린이를 대상으로 한 영어 수업에서도 영어로 노래하는 연습을 많이 시키죠.

우리가 평소에도 많이 부르는 생일 축하 노래를 예로 들어 보겠습니다. 우리나라에서는 하나의 음표에 하나의 글자, 즉 하나의 음절을 넣어 노래합니다. '생/일/축/하/합/니/다'가 각각 하나의 음절이죠.

축: 1음절 / 하: 1음절

자, 그럼 이번에는 영어로 생일 축하 노래를 불러 볼까요? Happy birthday to you! 영어 노래도 마찬가지로 하나의 음표마다 하나의 음절을 넣어서 노래합니다. 그런데 여기서 한국어 노래의 '축-하'에 해당하는 birthday 부분에 주목해 보세요. birthday는 [버/스/데/이], 이렇게 4음절로 읽어야 할 것 같지만 실제 영어로는 birth-day, 즉 2음절입니다. 아래 악보를 보면 2음절이라서 음표도 두 개만 사용하는 것을 볼 수 있습니다.

birth: 1음절 / day: 1음절

그렇다면 앞에서 언급한 팝송의 You ought to know by now라는 가사가 우리 귀에 잘 안 들리는 이유는 뭘까요? 그것은 우리가 ought을 [오/우/트]라는 3음절 단어로 생각하기 때문입니다. 다른 단어들도 마찬가지죠. know를 [노/우]로, by를 [바/이]로, now를 [나/우]라는 2음절 단어로 생각하기 때문에 영어로 뭐라고 하는지 잘 안 들리는 것입니다. 사실, 언급한 단어 모두 1음절인데 말이죠. 원어민 발음을 들어 보면 ought은 [오], know는 [노], by는 [바], now는 [나] 소리와 비슷하게 1마디로 발음됩니다. 다시 말해서 You ought to know by now는 [유/오/투/노/바/나]처럼 발음되는 6마디, 즉 6음절 문장인 것입니다.

発음 004

You / ought / to / know / by / now
1 　　2 　 3 　　4 　　5 　　6

유/오/투/노/바/나(6음절)

이번에는 '유/오/투/노/바/나' 부분을 손뼉 치며 마디(음절) 수를 세면서 노래해 보세요. 6마디, 즉 6음절인 것을 알 수 있습니다. 그렇게 하고 나면 조금은 잘 들리는 것을 느끼실 겁니다.

아래 예는 앞서 설명한 몬더그린 현상을 보여 주는 예문입니다. 이것도 역시 음절 수와 연관이 있습니다. 영어와 우리말 음절 수를 자세히 비교해 볼까요?

発音 005

Let / me / hear / your / bod-y / talk
1 　　2 　　3 　　4 　　5 　6 　　7

냄비 위에 파리똥(7음절)

Check / it / out
　　1 　　2 　 3

제껴라(3음절)

My / boy
　1 　　2

말벌(2음절)

Fun-ky / town
　1 　　2 　　3

번개탄(3음절)

위의 예를 살펴보면 영어의 음절 수와 엉뚱하게 들리는 한국어의 음절 수가 정확히 같은 걸 볼 수 있습니다. all by myself가 '오빠 만세'로 들리는 것처럼, 위의 가사들도 같은 음절 수를 가진 우리말로 무의식중에 들리는 것이죠.

1음절 단어인 out을 [아웃] 또는 [아우트]처럼 생각해서는 Check it out이 절대 들릴 수 없습니다. **영어 단어의 음절을 알아야 제대로 들리는 것입니다.**

영어 말하기에서
음절의 중요성

앞서 살펴본 대로 영어 듣기를 잘하기 위해서는 영어의 음절을 제대로 이해하고, 단어의 음절 수를 정확하게 알고 있어야 합니다. 말하기도 마찬가지입니다. 영어 단어의 음절에 맞춰 말하는 게 매우 중요하죠.

쉬운 단어인 love를 예로 들어 볼까요? 영화 대사에도 많이 나오는 I love you.를 모르는 사람은 없겠죠? 그런데 우리가 love를 [러/브]라고 2음절로 발음하면 틀린 발음이 됩니다. love는 1음절이어서 [러브]보다는 오히려 [럽]처럼 한 번에 발음해야 하죠. 원어민의 발음을 들어 보면 love를 1음절로 발음하는 것을 알 수 있습니다. 2음절 [러브]가 아닙니다. 이 예에서 보듯, love처럼 간단한 단어도 올바르게 발음하려면 단어의 음절을 제대로 알고 있어야 합니다.

음절 수를 틀리게 발음하면 어떻게 들리는지 다른 예도 들어 보겠습니다. sunshine을 우리는 흔히 [선샤인]이라고 3음절로 읽습니다. 그러나 sunshine은 2음절 단어로, 우리가 [샤인]이라고 읽는 shine은 1음절 단어에 해당합니다. 그래서 정확한 발음은 [선샤인]이 아니라 [선샨]에 가깝습니다.

전도연, 황정민 주연의 〈너는 내 운명〉이라는 영화에서 두 주인공이 〈You Are My Sunshine〉이라는 노래를 함께 부르는 장면이 있습니다. 그 노래에서 전도연은 sunshine을 2음절로 잘 발음하지만, 황정민은 극 중에서 약간 어수룩한 캐릭터 역할이라 한국식으로 어색하게 [선샤인]으로 발음합니다. 궁금하신 분들은 실제 노래를 유튜브에서 찾아서 들어 보세요. 여러분 중에 [선샤인]이라고 발음하시는 분은 지금까지 황정민처럼 어색하게 발음했던 겁니다.

아래 발음을 잘 들어 보면 love와 sunshine의 원어민 발음이 우리가 [러브], [선샤인]이라고 할 때와 확실히 차이가 나는 것을 느끼실 수 있을 겁니다.

발음 006

| **love** 사랑 | 러브 (X) | 럽 (O) |
| **sunshine** 햇빛 | 선샤인 (X) | 선샨 (O) |

그런데 한국보다 영어의 음절을 더 어려워하는 나라가 있으니, 바로 일본입니다. 일본어에는 받침이 거의 없다 보니, 단어를 길게 풀어서 발음하곤 합니다. 예를 들어 ball은 [보루]로, milk [미루쿠]로 발음하는 식이죠. 그러다 보니 음절 수가 실제 영어보다 더 늘어나게 됩니다.

영어	일본어	한국어
ball	보루	볼
1음절	2음절	1음절
milk	미루쿠	밀크
1음절	3음절	2음절

일본 사람이 우리에게 '보루'나 '미루쿠'를 달라고 하면 무슨 뜻인지 한 번에 이해가 될까요? 아무리 ㅂ이나 ㅁ 발음이 좋아도 어떤 단어를 가리키는지 알아듣기 힘들 겁니다. 마찬가지로 우리가 sunshine을 [선샤인]이라고 발음하는 것은 미국 사람이 듣기에는 어색하기 짝이 없는 발음이죠.

사실, 자세히 보면 우리나라도 받침을 늘려 발음하는 일본과 큰 차이가 없습니다. 영어 단어 milk는 실제로 1음절이거든요. 일본어의 '미루쿠'(3음절)도, 한국어의 '밀크'(2음절)도 모두 틀립니다. 일본 사람이 '미루쿠'라고 이야기하면 우리가 못 알아듣는 것처럼, 우리가 '밀크'라고 하면 원어민들은 알아듣기 어렵습니다. 결국 음절을 제대로 알아야 영어를 바르게 발음할 수 있는 것입니다.

3 한국의 발음 표기법, 뭐가 문제일까?

음절을 알기 힘든
발음 표기법

지금까지 살펴봤듯이 영어의 음절은 듣고 말하기에 있어서 매우 중요합니다. 그러나 우리가 영어의 음절을 잘 모르는 것은 영어 공부의 대부분을 문법과 독해에 치중하는 입시 영어의 탓이 큽니다. 또한 우리가 공부해 온 영어 단어장의 잘못도 있습니다. 시중에 있는 대부분의 영어 단어장은 발음을 표기할 때 영어 발음기호를 사용하거나 또는 아예 한글로 발음을 표기하는데, 음절과 강세를 잘 보여 주는 교재가 의외로 별로 없습니다.

영화 제목 <Doctor Strange>를 예로 들어 발음을 살펴볼까요? 한국에는 〈닥터 스트레인지〉라는 제목으로 알려져 있는데요, 실제 영어로 doctor는 2음절이 맞지만 strange는 1음절 단어입니다. [스/트/레/인/지]라고 해서 5음절 단어가 결코 아닙니다.

발음 007

| **doctor** 의사 | 2음절 |
| **strange** 이상한 | 1음절 |

대부분의 어학 사전에는 doctor는 ['dɑːktər], strange는 [streɪndʒ]라는 발음 기호로 표시되어 있습니다. 그러나 이 발음기호만 봐서는 doctor가 2음절인 지, strange가 1음절인지 한눈에 들어오지는 않죠.

> **doctor** ['dɑːktər]
> **strange** [streɪndʒ]

한글식 발음 표기는 더 엉망입니다. doctor는 [닥터], strange는 [스뜨레인지], 이렇게 강세와 음절을 모두 무시하고 쓰기도 합니다. 이렇게 쓰면 음절이 더 헷갈릴 수밖에 없죠.

> **doctor** [닥터]
> **strange** [스뜨레인지]

실제로는 doctor는 2음절이므로 strange보다 더 길게 두 글자로, strange는 1음절이므로 한 글자로 한 번에 발음해야 합니다. 그리고 doctor에서 앞의 음 절 doc은 tor보다 세게 강세를 줘서 발음해야 하고요.

닥/터 (2음절) 　　　　　　스트레인지 (1음절)

사전으로 음절과 강세를
잘 확인하자

음절과 강세를 무시하고 한국어식으로 영어 단어를 배우면, ball을 '보루'로 배우는 것과 마찬가지입니다. 단어의 음절을 잘 익히기 위해서는 음절과 강세를 잘 표시한 단어장을 쓰거나, 인터넷에서 단어의 음절을 확인해 보는 작업이 필요합니다.

단어의 음절을 확인할 때 인터넷에서 추천할 만한 온라인 사전은 **딕셔너리닷컴(dictionary.com)과 캠브리지 사전(dictionary.cambridge.org)**입니다. 방식은 조금씩 다르지만, 두 사전 모두 음절과 강세를 잘 나눠서 표기하고 있습니다. 딕셔너리닷컴에서는 각각의 음절에 하이픈(-)을 넣거나 발음기호를 한 칸씩 띄워서 음절을 구분해 주고 있으며, 캠브리지 사전에서는 음절 사이에 점(·)을 넣어서 표시하고 있습니다. 예를 들어, 단어 spider(거미)를 사전에서 찾아보면 아래처럼 각각 발음을 표기하고 있죠. 이렇게 음절이 표시된 사전을 보면 spider는 spaɪ[스파이]와 dər[더r], 2음절로 나눠서 읽어야 한다는 것을 확실하게 알 수 있습니다.

> **[spahy-der]** / ˈspaɪ dər /
> 딕셔너리닷컴에서는 자체적인 발음 표기 형태와 국제음성기호(IPA)를 둘 다 확인할 수 있습니다.
>
> / ˈspaɪ·dər /
> 캠브리지 사전에서는 점(·)을 찍어서 음절을 구분합니다.

더 정확한 음절 수를 확인하고 싶을 때에는 음절을 전문적으로 다루는 사이트인 howmanysyllables.com을 활용해 보세요. 2 syllables(2음절)처럼 음절수와 더불어, spi-der처럼 철자로 음절 나누는 기준과 강세가 있는 음절까지 알려주므로 쉽게 음절을 나눠서 읽을 수 있습니다.

4 영단어 음절, 이제 블록으로 배우자!

**영단어 음절,
블록으로 쉽게 익힌다**

지금부터 소개하는 내용은 음절 블록을 이용하여 영어 단어의 음절을 쉽게 익힐 수 있는 새로운 개념의 발음 학습법입니다.

우선 영어와 한글을 쓰는 법이 근본적으로 어떻게 다른지부터 짚어 봅시다. 영어처럼 알파벳 기반의 언어를 표기할 때는 알파벳을 옆으로 쭉 이어서 쓰지만, 우리나라의 한글은 초성, 중성, 종성(받침)을 조합하여 표기하고 있습니다.

영어: 자음-모음-받침을 구분하지 않고 이어서 쭉 쓴다

한글: 자음 자리(초성), 모음 자리(중성), 받침 자리(종성)가 있다

이런 차이점을 고려해 우리나라 한글 표기법을 응용하여, 음절과 강세를 쉽게 익힐 수 있는 영어 발음 표기법을 새롭게 고안하였습니다. **블록 하나로 한 음절을 나타내는 '음절 블록 표기법'이죠.** 한글 블록을 이용한 영어 발음 표기는 영어에 익숙하지 않은 한국 사람이 학습할 때 한눈에 음절과 강세를 익히기 쉬운 방법입니다.

블록 표기법 쓰는
기본적인 방법

아이들이 한글을 처음 배울 때 쓰는 사각 노트와 비슷하게 쓰면 됩니다. 블록 하나를 네 칸으로 나누어 자음과 모음은 위 칸에, 받침은 아래 칸에 써 줍니다. 받침이 하나인 경우에는 오른쪽 아래 칸만 사용합니다. 예를 들어 영어의 bag, 한글의 '백'을 쓰면 다음과 같습니다.

블록에서 모음 자리는 항상 자음 옆에 위치합니다. 예를 들어 영어의 book, 한글의 '북'을 쓰면 다음과 같습니다.

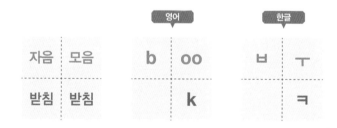

영어 발음은
[ ] 안에 표기한다

한편 영어 발음 표기는 [ ] 안에 들어갑니다. 영어 사전을 찾아보면 [ ] 또는 / / 안에 어떻게 단어를 발음하는지 알려주는 발음기호가 들어가 있습니다. 예를 들어 영어 철자 bag의 발음 표기는 사전을 찾아보면 [bæg]입니다. 참고로 이 책에 표시한 영어 발음은 대부분의 사전에서 사용하고 있는 국제음성기호 IPA(International Phonetic Alphabet)를 기본으로 했습니다.

블록에 영어 발음을 표기하는 것은 다음과 같습니다. 자음 칸에는 자음 발음기호가, 모음 칸에는 모음 발음기호가 들어가면 됩니다. 따라서 bag의 발음 표기 [bæg]은 다음과 같이 쓸 수 있습니다.

$$
\begin{bmatrix} \text{자음} & \text{모음} \\ \text{받침} & \text{받침} \end{bmatrix}
\begin{bmatrix} b & æ \\ & g \end{bmatrix}
$$

정리하면, 블록 표기법으로 bag은 다음과 같이 쓸 수 있습니다.

모음 소리 하나에
한 블록을 사용한다

발음 008

블록 표기법에는 중요한 규칙이 있습니다. 모음 소리의 개수가 곧 음절의 개수이기 때문에, **한 블록당 모음 발음기호가 반드시 한 개씩 들어가 있어야 합니다.** 모음 발음기호가 없으면 블록을 만들 수 없습니다. 모음 발음기호가 2개면 블록도 2개, 모음 발음기호가 3개면 블록도 3개가 됩니다.

pen
[pen]
펜

모음 발음기호가 1개면 블록은 1개

doctor
[ˈdɑːktər]
의사

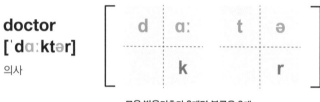

모음 발음기호가 2개면 블록은 2개

remember
[rɪˈmembər]
기억하다

모음 발음기호가 3개면 블록은 3개

블록 표기법 연습하기

발음 009

그럼 블록 표기법 쓰는 법을 간단하게 연습해 볼까요? 뒤에 가서 더 자세히 배우겠지만, 여기서는 일단 쉬운 단어 위주로 살펴보겠습니다.

우선 강을 막는 '댐(dam)'을 써 보겠습니다. 영어 철자는 dam, 영어 발음 표기는 [dæm], 한글 발음은 [댐]입니다. 이것을 블록 표기법으로 쓰면 아래와 같습니다.

dam
[dæm]
댐

이번에는 net(그물)을 써 볼까요? net의 영어 발음 표기는 철자와 똑같은 [net], 한글 발음은 [넽]입니다.

net
[net]
그물

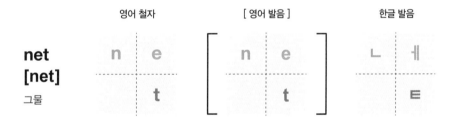

마지막으로 sun을 써 보겠습니다. sun의 영어 발음 표기는 [sʌn], 한글 발음은 [썬]입니다.

sun
[sʌn]
해, 태양

한눈에 알기 쉬운
블록 표기법의 장점

발음 010

■ 장점 1: 음절이 한눈에 보인다

이 책에서 소개하는 블록 표기법은 많은 장점을 가지고 있습니다. 첫 번째 장점은 음절을 한눈에 파악할 수 있다는 것입니다. 우리말로 풀면 여러 음절이라 헷갈릴 수 있는 단어도, 블록으로 보면 몇 음절인지 쉽게 알 수 있죠. 예를 들어 love는 흔히 '러브'라고 쓰다 보니 2음절처럼 생각하기 쉽습니다. 그러나 블록 표기법을 이용하면 블록이 한 개인 1음절 단어라는 것을 바로 알 수 있습니다.

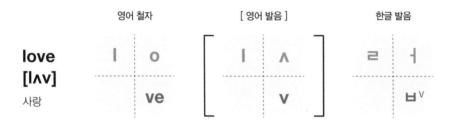

ice도 마찬가지입니다. 3음절 [아/이/스]로 생각하기 쉽지만 실제로는 블록이 한 개밖에 없는 1음절 단어입니다.

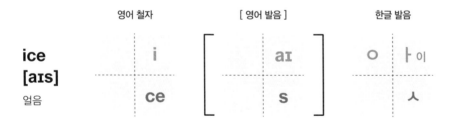

■ 장점 2: 단어의 강세(accent)를 한눈에 알 수 있다

블록의 크기를 통해 강세도 한 번에 알 수 있습니다. 큰 블록으로 강세가 있는
음절을 나타내므로 어디에 강세가 실리는지 알기 쉽습니다.

rabbit
['ræbɪt]

토끼

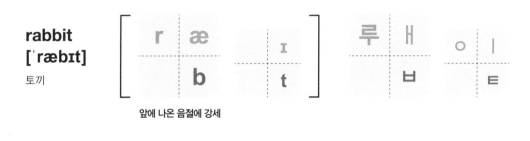

앞에 나온 음절에 강세

hotel
[hoʊ'tel]

호텔

뒤에 나온 음절에 강세

tomato
[tə'meɪtoʊ]

토마토

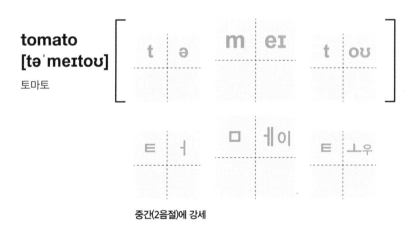

중간(2음절)에 강세

■ 장점 3: 음절이 많은 긴 단어도 한눈에 보인다

1음절 단어뿐 아니라 여러 음절로 된 단어일수록 블록을 통해 더욱 정확한 발음을 알기 쉽습니다. 예를 들어 entrance와 yesterday처럼 긴 단어는 [ˈentrəns]나 [ˈjestərdeɪ] 같은 발음기호를 보아도 한 번에 음절을 알기 어렵습니다. 그러나 블록으로 나누면 강세와 음절이 쉽게 눈에 들어옵니다.

위에서 언급한 entrance와 yesterday를 예로 들어 설명할게요. entrance는 [엔/트/런/스]라는 4음절로 생각하기 쉽지만, 실제로는 2음절 단어입니다. 블록으로 음절을 나누면 다음과 같이 블록 두 개의 형태가 되죠.

entrance
[ˈentrəns]

입구, 입장

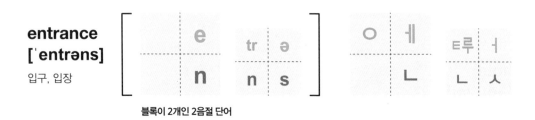

블록이 2개인 2음절 단어

그리고 yesterday는 [예/스/터/데/이]라는 5음절이 아니라, 실제로는 블록이 세 개인 3음절 단어입니다.

yesterday
[ˈjestərdeɪ]

어제

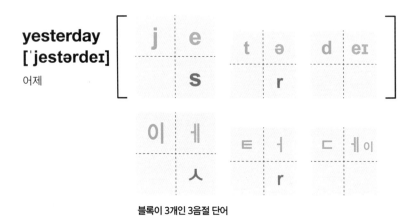

블록이 3개인 3음절 단어

■ 장점 4: 각 음절의 정확한 발음을 알기 쉽다

우리가 발음을 잘 알고 있다고 생각하는 banana의 경우, 실제로는 [바나나]도 [버내너]도 아닌 [버낸어]가 맞는 발음입니다. 이렇게 음절마다 어떻게 발음되는지는 단순히 사전의 발음 표기 [bəˈnænə]만 봐서는 알기 어렵습니다. 그러나 블록으로 보면 각 음절마다 어떻게 발음되는지 한눈에 쉽게 알 수 있죠.

banana
[bəˈnænə]

바나나

지금까지 블록 표기법의 장점과 특징에 대해 간단하게 살펴보았습니다. 다음 파트부터는 이 블록 표기법을 사용해, 단어를 정확한 음절로 읽는 법을 본격적으로 배워 보겠습니다. 우선 쉬운 1음절 단어부터 시작하니까 차근차근 학습해 보세요.

PART 2

영어 발음이 되는 음절 훈련법

: 한국어 음절과 '같은' 1음절 영단어

많은 영어 단어들이 1음절에 해당합니다. 1음절 단어 중에는 good[굳], bag[백], cup[컵]처럼 영어 음절 수와 한국어 음절 수가 일치하는 단어들이 있습니다. 이 파트에서는 한국어와 일치하는 1음절 단어를 통해 블록 표기법의 기초를 확실히 다져 보겠습니다.

이 책에서 각 영어 소리의 한글 발음은 최대한 비슷하게 쓰려 했으나, 이는 기초 단계에서 알아보기 쉽게 표시한 것일뿐 실제 영어 발음은 다릅니다. 따라서 발음을 연습할 때는 MP3를 반복해서 들으면서 실제 원어민의 발음을 따라해 보세요.

CHAP

자음

: 자음의 기본 소리부터
단단히 익히자!

TER 1

[자음 소리와 모음 소리란?]

한국어와 영어는 모두 자음과 모음이 만나 단어가 만들어집니다. 한국어에서 자음은 ㄱ, ㄴ, ㄷ, ㄹ 같은 글자이고, 모음은 ㅏ, ㅑ, ㅓ, ㅕ 같은 글자입니다. 예를 들어 '가'는 자음인 'ㄱ'과 모음인 'ㅏ'로 이루어진 글자죠. 영어도 마찬가 지로 자음과 모음으로 단어가 만들어지는데, go의 경우는 자음인 g와 모음인 o로 이루어져 있습니다.

$$\textbf{가} = \textbf{ㄱ} + \textbf{ㅏ}$$

$$\textbf{go} = \textbf{g} + \textbf{o}$$

영어에서 모음은 a, e, i, o, u와 그 조합으로 이루어져 있습니다. 자음은 알파 벳 중 모음인 a, e, i, o, u를 뺀 나머지 글자입니다. 예를 들어 b, c, d, f 같은 글자를 말하죠. 또 영어에는 특이하게 자음으로도 모음으로도 사용되는 w와 y 라는 글자도 있습니다. 그래서 이 두 글자를 '반모음' 또는 '반자음'이라고 부르 기도 하죠.

영어 발음을 제대로 이해하기 위해서는 자음과 모음의 소리를 제대로 아는 것 이 중요합니다. 특히 이 책에서 강조하는 영어의 음절을 제대로 이해하려면 각 자음과 모음 소리에 대한 이해는 기본 중의 기본입니다. 따라서 우선 단어 앞 에 오는 첫 자음 소리부터 자세히 살펴보기로 하겠습니다. 이 장에서 다루는 자음 소리는 알파벳 순서가 아니라 한국어의 ㄱ, ㄴ, ㄷ, ㄹ...과 비슷한 소리를 갖는 발음기호 순서대로 정리했습니다. 한국어와 비교하면서 영어의 정확한 소리를 익혀 보세요.

[기본적인 블록 표기법]

우선 앞에서 소개한 블록 표기법을 복습하고 시작하겠습니다. 각각의 네모 칸에 글자가 들어갑니다. 첫 자음은 자음 칸에, 모음은 모음 칸에, 맨 끝의 받침 자음은 아랫부분의 받침 칸에 쓰면 됩니다.

영어 철자	영어 발음	한글 발음

자음	모음
	받침

[
자음	모음
	받침
 ]

자음	모음
	받침

예를 들어 단어 cup(컵)을 블록에 넣어 볼까요?

영어 철자

cup이라는 철자 중에서 첫 자음은 c, 모음은 u, 받침 자음은 p입니다. 첫 자음 c는 자음 칸, u는 모음 칸, p는 받침 칸에 각각 쓰면 됩니다.

c	u
	p

영어 발음

cup의 영어 발음 표기는 [kʌp]입니다. c는 [k], u는 [ʌ], p는 [p] 소리를 내죠. 마찬가지로 [k]는 자음 칸, [ʌ]는 모음 칸, [p]는 받침 칸에 쓰면 됩니다.

k	ʌ
	p

한글 발음

이제 각각의 영어 발음을 한글로 바꿔 봅시다. 첫 자음 칸에는 [k]의 소리 'ㅋ', 모음 칸에는 [ʌ]의 소리 'ㅓ'를 써 줍니다. 받침은 [p] 소리이므로 받침 칸에는 'ㅍ'을 씁니다. 따라서 [컵]이라고 하지 않고, [컾]이라고 읽어야 하죠.

ㅋ	ㅓ
	ㅍ

발음 011

[g] = ㄱ

SPELLING g / gh

g의 대표 소리 [g]는 한국어의 'ㄱ'과 비슷한 소리인데, [ㄱ]보다는 '윽' 하고 숨을 참았다가 내는 [(윽)ㄱ] 소리에 가깝습니다. get은 [겟]이 아니라 [(윽)겔] 처럼 발음하세요. 참고로 gh도 ghost[고우스트]처럼 [ㄱ] 소리가 나죠.

	영어 철자	[영어 발음]	한글 발음

get
[get]
얻다, 받다

 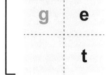

good
[gʊd]
좋은

 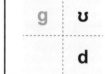

gun
[gʌn]
총, 권총

 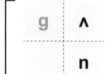

	영어 철자	[영어 발음]	한글 발음

gum
[gʌm]
잇몸, 껌

발음 012

[n] = ㄴ

SPELLING **n / kn**

[n]는 n의 소리로 [ㄴ] 소리입니다. 다만 한국어의 'ㄴ' 보다는 [은] 하고 콧소리가 납니다. net은 [넽]이 아니라 [(은)넽]처럼 발음하죠. 코를 막고 발음하면 콧속이 울리면서 코맹맹이 소리가 나야 합니다.

읽기

	영어 철자	[영어 발음]	한글 발음

net
[net]
그물

n	e	n	e	ㄴ	ㅔ
	t		t		ㅌ

nap
[næp]
낮잠, 낮잠 자다

n	a	n	æ	ㄴ	ㅐ
	p		p		ㅍ

nun
[nʌn]
수녀

n	u	n	ʌ	ㄴ	ㅓ
	n		n		ㄴ

연습

	영어 철자	[영어 발음]	한글 발음

not
[nɑ:t]
~아니다

n	o		ɑ:	ㅏ 아
	t		t	ㅌ

발음 013

[d] = ㄷ

SPELLING **d**

[d]는 d의 소리로 [ㄷ] 소리가 납니다. 다만 한국어의 'ㄷ'은 혀끝이 치아 앞으로 살짝 나오는 소리인데 반해, [d]는 혀끝을 윗니 뒤쪽 잇몸에 살짝 붙여서 [(으)ㄷ] 하고 소리 납니다. dad은 [댇]이 아니라 [(으)댇]!

읽기

	영어 철자		[영어 발음]		한글 발음

dad
[dæd]
아빠

d	a		d	æ		ㄷ	ㅐ
	d			d			ㄷ

dog
[dɔːg]
개

d	o		d	ɔː		ㄷ	ㅗㅓ
	g			g			ㄱ

dig
[dɪg]
(구멍을) 파다

d	i		d	ɪ		ㄷ	ㅣ
	g			g			ㄱ

연습

	영어 철자		[영어 발음]		한글 발음

dam
[dæm]
댐, 둑

d	a			æ			ㅐ
	m			m			ㅁ

발음 014

[l] = ㄹ

SPELLING l

알파벳 l의 소리인 [l]은 [ㄹ]와 비슷한 발음이 납니다. 다만 좀 더 혀를 튕겨 입천장을 치면서 윗니 밖으로 내보내는 소리입니다. 그래서 '을' 소리를 앞에 살짝 넣어 발음하면 좋습니다. leg은 [렉]이 아니라 [(을)렉]처럼요.

읽기

lap
[læp]
무릎
(앉았을 때 허벅지 부위)

영어 철자	[영어 발음]	한글 발음
l a	l æ	ㄹ ㅐ
p	p	ㅍ

leg
[leg]
다리

l e	l e	ㄹ ㅔ
g	g	ㄱ

let
[let]
~하게 하다

l e	l e	ㄹ ㅔ
t	t	ㅌ

연습

영어 철자	[영어 발음]	한글 발음

lip
[lɪp]
입술

l i	l ɪ	ㅣ
p	p	ㅍ

발음 015

[r] = 루

SPELLING **r / wr**

한국어의 'ㄹ'은 발음할 때 혀가 살짝 입천장에 닿지만 [r]는 닿지 않습니다.
[r]는 [우] 소리를 앞에 살짝 넣거나, 혀가 입천장에 닿지 않게 안쪽으로 말아
서 [루]처럼 발음해 주세요. red은 [(우)렏] 또는 [뤧]처럼요.

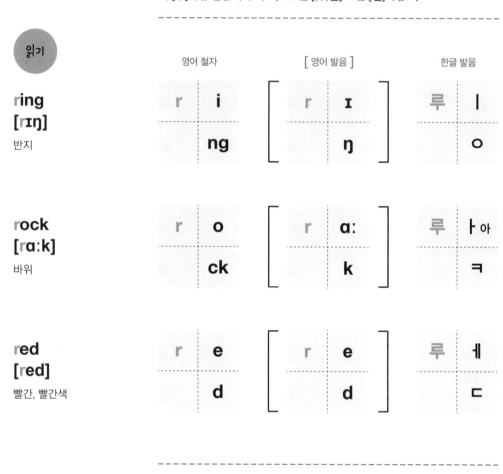

ring
[rɪŋ]
반지

rock
[rɑːk]
바위

red
[red]
빨간, 빨간색

연습

영어 철자 　　 [영어 발음] 　　 한글 발음

rug
[rʌg]
깔개, 양탄자

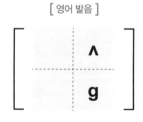
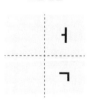

발음 016

[m] = ㅁ

SPELLING m

[m]은 m의 소리로 [ㅁ] 소리가 납니다. 아기가 처음으로 내는 '음~' 하는 옹알이 소리, 황소가 '음머~' 하는 소리와도 비슷하죠. 앞에 '음' 소리를 낸다고 생각하면서 [ㅁ] 소리를 내 보세요. mom은 [맘]이 아니라 [(음)맘]!

읽기

| | 영어 철자 | [영어 발음] | 한글 발음 |

mom
[mɑ:m]
엄마

| m | o | m | ɑ: | ㅁ | ㅏ 아 |
| | m | | m | | ㅁ |

map
[mæp]
지도

| m | a | m | æ | ㅁ | ㅐ |
| | p | | p | | ㅍ |

mug
[mʌg]
머그잔

| m | u | m | ʌ | ㅁ | ㅓ |
| | g | | g | | ㄱ |

연습

| | 영어 철자 | [영어 발음] | 한글 발음 |

mat
[mæt]
매트, 깔개

| m | a | | æ | | ㅐ |
| | t | | t | | ㅌ |

발음 017

[b] = ㅂ

SPELLING b

[b]는 b의 소리로 [ㅂ] 소리가 납니다. 혼났을 때처럼 '읍' 하고 위아래 입술을 안으로 말아 넣었다가, 입술을 풀면서 [(읍)브] 하고 목을 올리며 소리 내죠. 목에 손을 대고 진동을 느껴 보세요. big은 [빅]이 아니라 [(읍)빅]!

읽기

	영어 철자	[영어 발음]	한글 발음

big
[bɪg]
큰, 커다란

| b | i | | b | ɪ | | ㅂ | ㅣ |
| | g | | | g | | | ㄱ |

bad
[bæd]
나쁜

| b | a | | b | æ | | ㅂ | ㅐ |
| | d | | | d | | | ㄷ |

bug
[bʌg]
벌레

| b | u | | b | ʌ | | ㅂ | ㅓ |
| | g | | | g | | | ㄱ |

연습

	영어 철자	[영어 발음]	한글 발음

bun
[bʌn]
작고 둥근 빵

| b | u | | | ʌ | | | ㅓ |
| | n | | | n | | | ㄴ |

발음 018

[v] = ㅂᵛ

SPELLING v

[v]는 한국어의 'ㅂ'과는 발음이 많이 다릅니다. 화가 나서 입술을 깨물 때처럼 윗니로 아랫입술을 살짝 깨물고 발음해 주세요. 여기에서는 [ㅂ]와 구분하기 위해 [ㅂᵛ]로 표시했습니다.

읽기

| | 영어 철자 | [영어 발음] | 한글 발음 |

van
[væn]
밴 (차의 일종)

| v | a | | v | æ | | ㅂᵛ | ㅐ |
| | n | | | n | | | ㄴ |

vet
[vet]
수의사

| v | e | | v | e | | ㅂᵛ | ㅔ |
| | t | | | t | | | ㅌ |

Vick
[vɪk]
Victor의 애칭

| V | i | | v | ɪ | | ㅂᵛ | ㅣ |
| | ck | | | k | | | ㅋ |

연습

| | 영어 철자 | [영어 발음] | 한글 발음 |

vac
[væk]
진공 청소기
(vacuum cleaner)

| v | a | | | æ | | | ㅐ |
| | c | | | k | | | ㅋ |

발음 019

[s] = ㅆ

SPELLING **S / C / SC**

s의 소리 [s]는 'ㅆ'과 비슷한데, '스~' 하고 튜브에서 바람이 빠지는 소리를 내 주세요. c도 뒤에 e, i, y가 오면 [s]로 소리 납니다. [s] 뒤에 모음이 오면 [ㅅ]보다는 [ㅆ]에 가깝게 발음하죠. sun은 [선]이 아니라 [썬]입니다.

읽기

	영어 철자	[영어 발음]	한글 발음

sit
[sɪt]
앉다

s	i	s	ɪ	ㅆ	ㅣ
	t		t		ㅌ

sun
[sʌn]
해, 태양

s	u	s	ʌ	ㅆ	ㅓ
	n		n		ㄴ

cell
[sel]
세포

c	e	s	e	ㅆ	ㅔ
	ll		l		을

연습

	영어 철자	[영어 발음]	한글 발음

set
[set]
놓다, 두다

s	e	e	ㅔ
	t	t	ㅌ

[z] = ㅈ^z

SPELLING **z**

[z]는 'ㅈ'과 비슷한 것 같지만 발음이 전혀 다릅니다. 혀를 이 뒤에 붙일락 말락 하면서 떨리는 [즈] 소리를 내는데, 스마트폰이 '즈~' 하고 울리는 진동 소리와 비슷하죠. [ㅈ]와 구분하기 위해 여기서는 [ㅈ^z]로 표시했습니다.

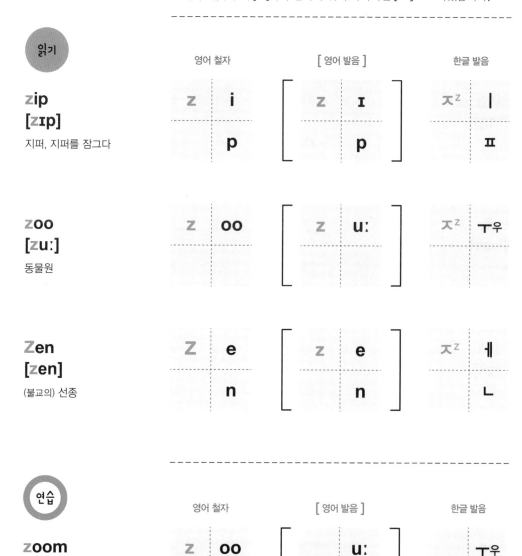

읽기

zip
[zɪp]
지퍼, 지퍼를 잠그다

영어 철자		[영어 발음]		한글 발음	
z	i	z	ɪ	ㅈ^z	ㅣ
	p		p		ㅍ

zoo
[zuː]
동물원

z	oo	z	uː	ㅈ^z	ㅜ우

Zen
[zen]
(불교의) 선종

Z	e	z	e	ㅈ^z	ㅔ
	n		n		ㄴ

연습

zoom
[zuːm]
줌으로 확대하다

영어 철자		[영어 발음]		한글 발음	
z	oo		uː		ㅜ우
	m		m		ㅁ

발음 021

[k] = ㅋ

SPELLING **k / c / ch**

k의 소리 [k]는 [ㅋ] 소리가 나는데, 앞에 살짝 [(윽)] 소리를 넣어 주세요. [킹]이 아니라 [(윽)킹]처럼요. c도 모음 a, o, u 앞에서는 주로 [k] 소리가 나고, chemical[케미컬]처럼 ch도 드물게 [k] 소리가 납니다.

읽기

| | 영어 철자 | | [영어 발음] | | 한글 발음 |

king
[kɪŋ]
왕

k	i		k	ɪ		ㅋ	ㅣ
	ng			ŋ			ㅇ

cat
[kæt]
고양이

c	a		k	æ		ㅋ	ㅐ
	t			t			ㅌ

kick
[kɪk]
(발로) 차다

k	i		k	ɪ		ㅋ	ㅣ
	ck			k			ㅋ

연습

| | 영어 철자 | | [영어 발음] | | 한글 발음 |

cap
[kæp]
야구 모자

c	a			æ			ㅐ
	p			p			ㅍ

발음 022

[t] = ㅌ

SPELLING t

[t]는 t의 소리로 [ㅌ] 소리가 납니다. 다만 한국어의 [ㅌ]는 혀끝이 치아 앞으로 살짝 나오는 소리인데 반해, 영어 [t]는 혀를 윗니 뒤쪽 잇몸에 살짝 붙여서 [(을)ㅌ]처럼 소리 내죠. ten은 [텐]이 아니라 [(을)텐]!

	영어 철자	[영어 발음]	한글 발음

ten
[ten]
열, 10

| t | e | t | e | ㅌ | ㅔ |
| | n | | n | | ㄴ |

tap
[tæp]
가볍게 두드리다

| t | a | t | æ | ㅌ | ㅐ |
| | p | | p | | ㅍ |

tell
[tel]
말하다, 이야기하다

| t | e | t | e | ㅌ | ㅔ |
| | ll | | l | | 을 |

	영어 철자	[영어 발음]	한글 발음

tip
[tɪp]
(뾰족한 것의) 끝

| t | i | | ɪ | | ㅣ |
| | p | | p | | ㅍ |

발음 023

[p] = ㅍ

SPELLING **p**

[p]는 꽉 하고 터져 나오는 [ㅍ] 소리입니다. 수영을 배우면서 '음~파! 음~파!' 호흡 연습을 할 때처럼 '파!' 하고 입술을 터트리며 발음하면 됩니다. pop은 [팝]이 아니라 [(읍)파앞]처럼 꽉 터트려서 발음해 주세요.

읽기

영어 철자	[영어 발음]	한글 발음

pop
[pɑːp]
펑 하고 터지다

p	o		p	ɑː		ㅍ	ㅏ 아
	p			p			ㅍ

pin
[pɪn]
시침핀

p	i		p	ɪ		ㅍ	ㅣ
	n			n			ㄴ

pet
[pet]
반려동물

p	e		p	e		ㅍ	ㅔ
	t			t			ㅌ

연습

영어 철자	[영어 발음]	한글 발음

pan
[pæn]
팬, 납작한 냄비

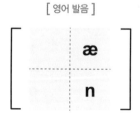

p	a		æ		ㅐ
	n		n		ㄴ

발음 024

[f] = ㅍ^f

SPELLING **f** / **ph**

f의 소리인 [f]는 한국어로 표기할 때 보통 [ㅍ]라고 쓰지만, 실제 발음은 좀 다르므로 [ㅍ^f]로 표기했습니다 단소를 불 때처럼 윗니로 아랫입술을 살짝 깨물고 바람 소리를 내 보세요. [f]는 입술로 부는 단소 바람 소리입니다.

읽기

	영어 철자		[영어 발음]		한글 발음	
fun **[fʌn]** 재미, 재미있는	f	u	f	ʌ	ㅍ^f	ㅓ
		n		n		ㄴ
fat **[fæt]** 뚱뚱한	f	a	f	æ	ㅍ^f	ㅐ
		t		t		ㅌ
fin **[fɪn]** 지느러미	f	i	f	ɪ	ㅍ^f	ㅣ
		n		n		ㄴ

연습

	영어 철자		[영어 발음]		한글 발음	
fan **[fæn]** 선풍기	f	a		æ		ㅐ
		n		n		ㄴ

발음 025

[h] = ㅎ

SPELLING **h / wh**

[h]는 h의 소리로 [ㅎ] 소리가 납니다. wh도 who[후]처럼 드물게 [h]로 소리 날 때가 있죠. [h]는 힘들어서 '헉헉' 할 때처럼 목 깊은 곳에서 나는 바람 소리입니다.

	영어 철자	[영어 발음]	한글 발음

hat
[hæt]
모자

| h | a | | h | æ | | ㅎ | ㅐ |
| | t | | | t | | | ㅌ |

who
[huː]
누구

| wh | o | | h | uː | | ㅎ | ㅜ우 |

hen
[hen]
암탉

| h | e | | h | e | | ㅎ | ㅔ |
| | n | | | n | | | ㄴ |

연습

	영어 철자	[영어 발음]	한글 발음

ham
[hæm]
햄

| h | a | | | æ | | | ㅐ |
| | m | | | m | | | ㅁ |

발음하지 않는 소리, 묵음

앞서 설명한 대로 철자 h는 대개 [h: ㅎ]로 소리 나지만, 간혹 소리가 나지 않는 경우가 있습니다. 이렇게 철자에는 있지만 발음하지 않는 소리를 '묵음'이라고 하죠. 예를 들어 '시간'을 뜻하는 hour는 [하워r]가 아니라 [아워r]라고 발음하는데요, 이는 h가 묵음이라 소리가 나지 않기 때문입니다. 철자와 상관없이 모음 소리로 시작하는 단어 앞에는 a 대신 an을 쓰므로, '1시간'을 a hour[어 아워r]가 아니라 an hour[언 아워r]라고 하는 거죠.

이 밖에도 h가 소리 나지 않는 대표적인 단어를 살펴보면 herb는 [허r브]가 아니라 [어r브], honest는 [하니스트]가 아니라 [아니스트], honor는 [하너r]가 아니라 [아너r]로 발음합니다. 반대로 우리가 [유머]라고 알고 있는 humor는 실제로는 [h] 발음을 살려서 [휴머r]라고 발음해야 합니다. 사실 철자만 봐서는 뭐가 묵음인지 알 수 없기 때문에, 그때그때 발음기호를 보면서 정확한 발음을 익히는 것이 필요하죠.

wh로 시작하는 단어에서도 h가 묵음이라 w만 소리 나는 경우가 많습니다. 예를 들어 what은 [홧]이 아니라 [왓], white 역시 [화잍]이 아니라 [와잍]으로 발음해야 하죠.

발음 026

■ **h가 묵음인 단어**

hour [aʊr] 시간	herb [ɜ:rb] 허브
honest ['ɑ:nɪst] 정직한	honor ['ɑ:nər] 명예
what [wɑ:t] 무엇, 어떤	when [wen] 언제
why [waɪ] 왜	white [waɪt] 하얀, 하얀색

a hour (X)
an hour (O)

발음 027

[ʃ] = 슈

SPELLING **sh**

sh의 소리 [ʃ]는 튜브에서 바람이 빠질 때 나는 '슈~' 소리와 비슷합니다. 입술을 '유' 모양으로 내밀고 [슈] 하고 바람 빼는 소리를 내 주세요. [슈]로 표기했지만 [유] 소리 없이 바람 소리만 납니다. shop은 [샾]이 아니라 [슈앞]!

 읽기

	영어 철자		[영어 발음]		한글 발음	

shop
[ʃɑːp]
가게

| sh | o | [| ʃ | ɑː |] | 슈 | ㅏ아 |
| | p | | | p | | | ㅍ |

shell
[ʃel]
껍데기

| sh | e | [| ʃ | e |] | 슈 | ㅔ |
| | ll | | | l | | | 을 |

ship
[ʃɪp]
선박, 큰 배

| sh | i | [| ʃ | ɪ |] | 슈 | ㅣ |
| | p | | | p | | | ㅍ |

연습

| | 영어 철자 | | [영어 발음] | | 한글 발음 | |

shut
[ʃʌt]
닫다, 닫히다

| sh | u | [| ʌ |] | ㅓ |
| | t | | t | | ㅌ |

발음 028

[ʒ] = 쥬

SPELLING s / g

[ʒ]는 sh의 소리인 [ʃ]와 똑같이 입술을 동그랗게 내민 다음 [쥬] 하고 성대를 올리며 발음합니다. 단어의 첫 자음으로는 거의 오지 않는 소리로, 1음절 단어보다는 여러 음절로 된 단어 중간에서 주로 나오는 소리입니다.

읽기

	영어 철자	[영어 발음]	한글 발음
-sion [ʒən] 접미사 중 하나	s io n	ʒ ə n	쥬 ㅓ ㄴ
-sure [ʒər] 접미사 중 하나	s u re	ʒ ə r	쥬 ㅓ r

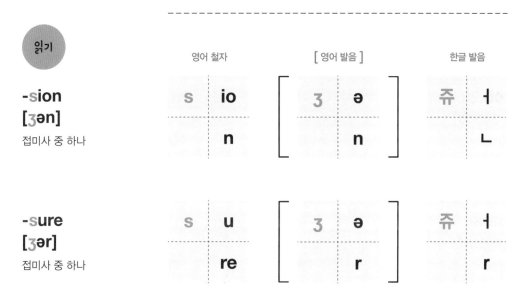

발음 TIP!

[ʒ] 소리가 나는 철자

[ʒ] 소리는 음절 중간에 위치하는 경우가 많습니다. 그중에서도 특히 다음 철자로 끝나는 경우에는 [ʒ] 소리로 발음합니다.

- **-sion으로 끝나는 단어**
  television [ˈteləvɪʒən] 텔레비전   vision [ˈvɪʒən] 시력, 시야

- **-sure로 끝나는 단어**
  measure [ˈmeʒər] 방법   leisure [ˈliːʒər] 여가 활동

- **-sual로 끝나는 단어**
  usual [ˈjuːʒuəl] 보통의   casual [ˈkæʒuəl] 격식을 차리지 않은

발음 029

[dʒ] = 쮸 SPELLING j / g

[dʒ]는 입술을 동그랗게 모아 [쮸]라고 발음하는데, [ʒ: 쥬] 앞에 [d]의 '읕' 발음을 살짝 해 줍니다. [쮸]라고 표기했지만 사실은 [(읕)쮸] 소리에 가깝죠. [dʒ]는 j의 대표 소리인데, g도 [g: ㄱ] 대신 [dʒ]로 소리 날 때가 있습니다.

읽기

	영어 철자	[영어 발음]	한글 발음

job
[dʒɑ:b]
직업

j	o	dʒ	ɑ:	쮸	ㅏ 아
	b		b		ㅂ

gene
[dʒi:n]
유전자

g	e	dʒ	i:	쮸	ㅣ 이
	ne		n		ㄴ

gem
[dʒem]
보석

g	e	dʒ	e	쮸	ㅔ
	m		m		ㅁ

연습

	영어 철자	[영어 발음]	한글 발음

jam
[dʒæm]
잼

j	a	æ	ㅐ
	m	m	ㅁ

발음 030

[tʃ] = 츄

SPELLING ch

ch는 한국어의 'ㅊ'과 비슷한 소리가 나는데, 발음기호로는 [tʃ]로 표시합니다. 밥솥에서 밥이 다 되었을 때 나는 '츄~' 소리와 비슷하죠. check는 [체크]보다는 [츄엑]으로 발음해 주세요.

읽기

영어 철자		[영어 발음]		한글 발음	

chat
[tʃæt]
수다를 떨다

| ch | a | tʃ | æ | 츄 | ㅐ |
| | t | | t | | ㅌ |

check
[tʃek]
살피다, 점검하다

| ch | e | tʃ | e | 츄 | ㅔ |
| | ck | | k | | ㅋ |

chop
[tʃɑ:p]
썰다, 다지다

| ch | o | tʃ | ɑ: | 츄 | ㅏ 아 |
| | p | | p | | ㅍ |

연습

영어 철자		[영어 발음]		한글 발음	

chin
[tʃɪn]
턱

| ch | i | | ɪ | | ㅣ |
| | n | | n | | ㄴ |

발음 031

[θ] = ㄸ^θ

SPELLING **th**

th의 소리 중 하나인 [θ]는 [ㄸ]와 [ㅆ] 사이의 발음입니다. 그래서 Thank you는 [땡큐]와 [쌩큐] 사이의 발음이죠. [θ]는 혀끝을 이 사이로 낼름 내밀고 [뜨] 하고 공기를 내보내면서 발음하면 됩니다.

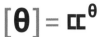 읽기

	영어 철자	[영어 발음]	한글 발음

thin
[θɪn]
얇은, 마른

th	i	θ	ɪ	ㄸ^θ	ㅣ
	n		n		ㄴ

theme
[θi:m]
테마, 주제

th	e	θ	i:	ㄸ^θ	ㅣ 이
	me		m		ㅁ

thought
[θɔ:t]
think(생각하다)의
과거·과거분사형

th	ou	θ	ɔ:	ㄸ^θ	ㅗㅓ
	ght		t		ㅌ

 연습

	영어 철자	[영어 발음]	한글 발음

thick
[θɪk]
두꺼운

th	i		ɪ		ㅣ
	ck		k		ㅋ

발음 032

[ð] = ㄷ^ð

SPELLING th

th는 성대가 울리는 [ð] 소리로 발음될 때도 있습니다. 한국어의 'ㄷ'과 비슷한 발음인데, 'ㄷ'과는 달리 [θ]처럼 혀끝을 이 사이로 살짝 내밀고 발음해 주세요.

읽기

	영어 철자	[영어 발음]	한글 발음

this
[ðɪs]
이것, 이

th	i	ð	ɪ	ㄷ^ð	ㅣ
	s		s		ㅅ

that
[ðæt]
저것, 저

th	a	ð	æ	ㄷ^ð	ㅐ
	t		t		ㅌ

them
[ðem]
그들을

th	e	ð	e	ㄷ^ð	ㅔ
	m		m		ㅁ

연습

	영어 철자	[영어 발음]	한글 발음

then
[ðen]
그때에, 그다음에

th	e		e		ㅔ
	n		n		ㄴ

발음 033

[w] = 우

SPELLING **w / wh**

자음과 모음 자리에 모두 올 수 있는 w는 자음일 때는 [w]로 소리 납니다.
입술을 쭉 내밀고 [우]라고 발음하는데, 한국어에서는 모음이지만 영어에서
는 자음 소리입니다. what은 [왓]보다는 [우앗]에 가까운 발음이죠.

	영어 철자		[영어 발음]		한글 발음	
wet [wet] 젖은	w	e	w	e	우	ㅔ
		t		t		ㅌ
what [wɑːt] 무엇, 무슨	wh	a	w	ɑː	우	ㅏ 아
		t		t		ㅌ
wood [wʊd] 나무, 목재	w	oo	w	ʊ	우	ㅜ
		d		d		ㄷ

연습

	영어 철자		[영어 발음]		한글 발음	
when [wen] 언제	wh	e		e		ㅔ
		n		n		ㄴ

발음 034

[j] = 이

SPELLING **y**

y도 w처럼 자음과 모음 자리에 모두 올 수 있습니다. 자음 소리일 때는 [j]로 표시하고 [이]라고 읽는데, 알파벳 j와는 아무 관계도 없으니 주의하세요. 즉, yet은 [옡]이 아니라 [이옡]처럼 앞에 [이] 발음을 짧게 해 줘야 합니다.

	영어 철자	[영어 발음]	한글 발음
yet [jet] 아직, 벌써	y e t	j e t	이 ㅔ ㅌ
you [juː] 너, 당신	y ou	j uː	이 ㅜ우
young [jʌŋ] 젊은, 어린	y ou ng	j ʌ ŋ	이 ㅓ ㅇ

연습

	영어 철자	[영어 발음]	한글 발음
yam [jæm] 참마 (열매의 일종)	y a m	æ m	ㅐ ㅁ

지금까지 배운 자음의 기본 소리를 정리했습니다. 한글로 된 발음보다는 영어가 어떻게 소리 나는지에 주의하면서 복습해 보세요.

발음 035

영어 발음	[g]	[n]	[d]	[l]	[r]
한글 발음	ㄱ	ㄴ	ㄷ	ㄹ	루
대표 철자	g / gh	n / kn	d	l	r / wr

영어 발음	[m]	[b]	[v]	[s]	[z]
한글 발음	ㅁ	ㅂ	ㅂ^v	ㅆ	ㅈ^z
대표 철자	m	b	v	s / c / sc	z

영어 발음	[k]	[t]	[p]	[f]	[h]
한글 발음	ㅋ	ㅌ	ㅍ	ㅍ^f	ㅎ
대표 철자	k / c / ch	t	p	f / ph	h / wh

영어 발음	[ʃ]*	[ʒ]*	[dʒ]*	[tʃ]*
한글 발음	슈	쥬	쮸	츄
대표 철자	sh	s / g	j / g	ch

영어 발음	[θ]	[ð]	[w]**	[j]**
한글 발음	ㄸθ	ㄷð	우	이
대표 철자	th	th	w / wh	y

* [ʃ], [ʒ], [dʒ], [tʃ], 이 네 가지 발음기호는 알파벳과 모양이 전혀 다르므로 주의해서 익혀 두세요. 편의상 한글 발음에 'ㅠ'라는 우리말 모음 소리를 붙였지만, 실제로는 모음 소리가 전혀 들어가지 않는 자음 소리입니다. 발음할 때 음절이 더 생기지 않도록 주의하세요.

** [w]와 [j]는 [우]와 [이] 소리를 뒤의 모음 앞에 살짝 짧게 발음해 줍니다. 예를 들어 win은 [우인], yet은 [이엩]처럼 살짝 반 박자 정도 늘어나는 느낌입니다.

빈칸을 채운 다음, 단어의 발음을 연습해 봅시다.

발음 036

		영어 철자		[영어 발음]	한글 발음

1 nut
[nʌt]
견과

n	u		ʌ	ㅓ
	t		t	ㅌ

2 doll
[dɑ:l]
인형

d	o		ɑː	ㅏ 아
	ll		l	을

3 lock
[lɑ:k]
자물쇠, 잠그다

l	o		ɑː	ㅏ 아
	ck		k	ㅋ

4 rib
[rɪb]
갈비뼈, 갈비

r	i		ɪ	ㅣ
	b		b	ㅂ

5 bin
[bɪn]
통, 쓰레기통

b	i		ɪ	ㅣ
	n		n	ㄴ

정답은 224페이지

	영어 철자		[영어 발음]	한글 발음

6 sum
[sʌm]
총액, 합계

| s | u | | ʌ | ㅓ |
| | m | | m | ㅁ |

7 tan
[tæn]
햇볕에 타다

| t | a | | æ | ㅐ |
| | n | | n | ㄴ |

8 pool
[puːl]
수영장

| p | oo | | uː | ㅜ우 |
| | l | | l | 을 |

9 jug
[dʒʌg]
물병, 물주전자

| j | u | | ʌ | ㅓ |
| | g | | g | ㄱ |

10 wall
[wɔːl]
벽

| w | a | | ɔː | ㅗ어 |
| | ll | | l | 을 |

CHAP

단모음

: 모음의 기본 소리를
단단히 익히자!

TER2

[모음 발음을 아는 것이 중요하다]

일반적으로 한국어는 철자와 발음이 동일하지만, 영어는 철자와 발음이 일치하지 않는 경우가 많습니다. 특히 모음 소리가 그렇습니다. 예를 들어 [ɑ:] 소리는 철자가 a인 경우도 있고 o인 경우도 있습니다. 철자만 봐서는 어떤 모음 소리를 내는지 알 수 없는 경우가 많죠.

한글 발음	한글 철자	
[아]	**아**	
영어 발음	영어 철자	
[ɑ:]	**a**	**father** [fɑːðər]
	o	**hot** [hɑːt]

그렇기 때문에 처음부터 철자 위주로 단어를 공부하면 발음이 엉뚱하게 되는 경우가 많이 발생합니다. 따라서 발음기호를 우선으로 단어를 익히고, 단어마다 발음기호에 해당하는 철자를 익히는 것이 중요합니다.

영어에서 모음을 발음할 때 주의할 점은, 입의 공간을 충분히 두어야 한다는 것입니다. 영어의 모음 소리는 한국어 모음보다 좀 더 턱이 떨어지고 입이 좌우로 벌어집니다. 예를 들어 한국어로 '이' 발음을 해 보면 입술이 별로 벌어지지 않습니다. 그러나 영어의 [i:] 발음은 한국어보다 훨씬 옆으로 입술을 벌려서 소리 냅니다. 사진을 찍으면서 '김치!' 할 때만큼이나 쭉 벌어지죠.

서양 사람들은 육식을 많이 하다 보니 턱이 발달해서 그렇다는 속설이 있을 정도로, 모음을 발음할 때 우리보다 입술과 턱의 움직임이 큽니다. 영어를 발음할 때는 특히 이 점에 주의하면서 발음해 보세요.

[단모음 블록 표기법]

단모음(monophthong)은 하나의 소리를 가진 모음을 말합니다. 다시 말해서 발음하면서 입술이나 혀의 위치가 바뀌지 않는 소리죠. 영어에는 [ɑː], [e], [ɪ], [ʊ], [æ], [ʌ], [ɔː], [ɜː], [iː], [uː], 이렇게 총 10개의 단모음 소리가 있습니다.

단모음이 들어간 1음절 단어는 앞서 배운 블록 표기법을 똑같이 이용해 쓰면 됩니다. 여기서는 자음 없이 단모음으로 시작하는 단어를 블록에 표기해 보겠습니다. 예를 들어 단어 it(그것)을 블록에 써 볼까요?

영어 철자

it에서 첫 자음은 없으므로 자음 칸은 비워 두고, i는 모음 칸, t는 받침 칸에 각각 씁니다.

영어 발음

it의 영어 발음 표기는 [ɪt]입니다. 마찬가지로 자음 칸은 비우고, [ɪ]는 모음 칸, [t]는 받침 칸에 쓰면 됩니다.

한글 발음

it의 한글 발음 표기는 [잍]입니다. 우리가 'ㅏ, ㅑ, ㅓ, ㅕ'를 '아, 야, 어, 여'라고 읽듯, 자음 칸에는 ㅇ을 넣어서 읽어 주세요.

발음 037

[ɑː] = 아아 SPELLING o / a

[ɑː]는 한국어의 [아]보다는 입을 좀 더 아래로 크게 벌리고 소리 냅니다. 마치 의사에게 진찰받을 때 입 속에 막대를 넣고 '아~' 하고 소리 낼 때와 비슷한 발음입니다.

읽기

	영어 철자	[영어 발음]	한글 발음

hot
[hɑːt]
뜨거운, 더운

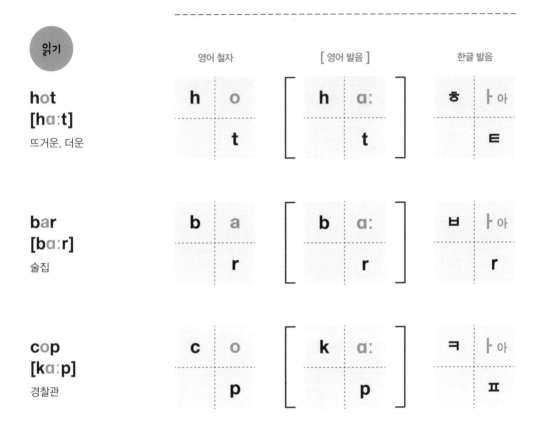

bar
[bɑːr]
술집

cop
[kɑːp]
경찰관

연습

	영어 철자	[영어 발음]	한글 발음

mop
[mɑːp]
대걸레

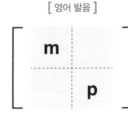

발음 038

[e] = 에

SPELLING **e / ea**

[e]는 입을 살짝 미소 짓듯이 양쪽으로 벌리고 한국어 [에]처럼 발음합니다. [e] 발음은 뒤에서 배울 [æ: 애]와는 달리 소리 크기가 변화 없이 쭉 나오는 것이 특징입니다.

읽기

영어 철자	[영어 발음]	한글 발음

bet
[bet]
돈을 걸다

| b | e | | b | e | | ㅂ | ㅔ |
| | t | | | t | | | ㅌ |

pen
[pen]
펜

| p | e | | p | e | | ㅍ | ㅔ |
| | n | | | n | | | ㄴ |

head
[hed]
머리

| h | ea | | h | e | | ㅎ | ㅔ |
| | d | | | d | | | ㄷ |

연습

영어 철자	[영어 발음]	한글 발음

bed
[bed]
침대

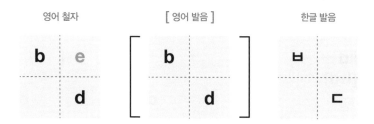

발음 039

[ɪ] = 이

SPELLING i / y

[ɪ]는 [이]라고 표기했지만 사실은 [이]와 [에]의 중간 발음입니다. 그러다 보니 원어민의 발음을 들어 보면 [에]처럼 들리는 경우도 많습니다. 한국어 [이] 소리를 낼 때처럼 입을 살짝 벌리고 [에]처럼 발음해 보세요.

읽기

	영어 철자		[영어 발음]		한글 발음	
sick **[sɪk]** 아픈	s	i	s	ɪ	ㅆ	ㅣ
		ck		k		ㅋ
kill **[kɪl]** 죽이다	k	i	k	ɪ	ㅋ	ㅣ
		ll		l		을
wing **[wɪŋ]** 날개	w	i	w	ɪ	우	ㅣ
		ng		ŋ		ㅇ

연습

	영어 철자		[영어 발음]		한글 발음	
lid **[lɪd]** 뚜껑	l	i	l	ɪ	ㄹ	ㅣ
		d		d		ㄷ

발음 040

[ʊ] = 우

SPELLING oo / o / ou / u

한국어 [우]와 비슷한 발음입니다. 다만 좀 더 뽀뽀하듯이 살짝 입술을 내밀고 [우] 하고 발음해 주세요.

읽기

	영어 철자		[영어 발음]		한글 발음	
book **[bʊk]** 책	b	oo	b	ʊ	ㅂ	ㅜ
		k		k		ㅋ
put **[pʊt]** 놓다, 두다	p	u	p	ʊ	ㅍ	ㅜ
		t		t		ㅌ
could **[kʊd]** can(~할 수 있다)의 과거형	c	ou	k	ʊ	ㅋ	ㅜ
		ld		d		ㄷ

연습

	영어 철자		[영어 발음]		한글 발음	
full **[fʊl]** 가득 찬	f	u	f		ㅍᶠ	
		ll		l		을

발음 041

[æ] = 애   SPELLING a

[æ]는 입을 옆으로 크게 벌리며 [애] 하고 발음합니다. 한국어 [애]와 달리 입을 좌우로 활짝 벌리며 웃는 모습으로 발음해 주세요. 직선적인 [e: 에] 소리에 비해 소리가 커졌다 작아지는 느낌이 있습니다.

읽기

영어 철자		[영어 발음]		한글 발음	

can
[kæn]
~할 수 있다

c	a	k	æ	ㅋ	ㅐ
	n		n		ㄴ

sad
[sæd]
슬픈

s	a	s	æ	ㅆ	ㅐ
	d		d		ㄷ

gap
[gæp]
틈새, 간격

g	a	g	æ	ㄱ	ㅐ
	p		p		ㅍ

연습

영어 철자		[영어 발음]		한글 발음	

rat
[ræt]
쥐

r	a	r		루	
	t		t		ㅌ

발음 042

[ʌ] = 어

SPELLING **u / o / ou**

[ʌ]는 한국에서 보통 [어]라고 표기하지만, 실제로는 [아]와 [어]의 중간 소리 입니다. 입 모양은 한국어 [아]로 하면서 [어]로 소리 내 보세요. 그래서 원어 민 발음을 들어 보면 cut은 [캍]처럼, come은 [캄]처럼 들리기도 하죠.

읽기

	영어 철자		[영어 발음]		한글 발음	

cut
[kʌt]
자르다

c	u		k	ʌ		ㅋ	ㅓ
	t			t			ㅌ

up
[ʌp]
위로, 위에

	u			ʌ		ㅇ	ㅓ
	p			p			ㅍ

come
[kʌm]
오다

c	o		k	ʌ		ㅋ	ㅓ
	me			m			ㅁ

연습

영어 철자		[영어 발음]		한글 발음	

but
[bʌt]
그러나, 하지만

b	u		b			ㅂ	
	t			t			ㅌ

발음 043

[ɔː] = 오ㅓ

SPELLING **a / o / au / aw / ou**

ball[볼], long[롱]처럼 [ɔː]는 한국에서 흔히 [오]로 잘못 표기하는 발음입니다. 실제로는 [오]와 [어] 사이의 발음이죠. 'ㅗㅓ'라는 모음 글자는 한글에는 없지만, 그냥 'ㅗ' 소리와 구분하기 위해 이렇게 표기했습니다.

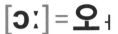

영어 철자	[영어 발음]	한글 발음

ball
[bɔːl]
공

b	a		b	ɔː		ㅂ	ㅗㅓ
	ll			l			을

long
[lɔːŋ]
긴

l	o		l	ɔː		ㄹ	ㅗㅓ
	ng			ŋ			ㅇ

saw
[sɔː]
see(보다)의 과거형

s	aw		s	ɔː		ㅆ	ㅗㅓ

영어 철자	[영어 발음]	한글 발음

tall
[tɔːl]
키가 큰

 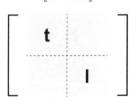

t	a		t			ㅌ	
	ll			l			을

발음 TIP!   영어에는 [오] 소리가 없다?

제 친구가 미국에서 공을 사러 갔을 때의 일입니다. 상점 주인에게 '볼'을 달라고 했더니, 고개를 갸우뚱하며 잘 못 알아듣더랍니다. 여러 번 "볼! 볼!" 말하다가 답답해서 손으로 크게 원을 그리며 "보~올!"이라고 말했더니 이번에는 '그릇', bowl을 가져왔다고 하더군요.

대체 왜 이런 일이 발생한 걸까요? 영어에서 '공', ball의 발음을 살펴보면 [bɔːl]로, [볼]이 아니라 [보ㅓ을]입니다. [볼]보다는 오히려 [벌]에 가까운 발음이죠. bowl(그릇)의 발음은 [boul: 보울]이니, 오히려 한국어 '볼'에 가깝게 들리는 단어는 bowl인 셈입니다.

영어 발음 중에 특히 한국 사람들이 많이 틀리는 것 중 하나가 바로 이렇게 우리말 [오]를 써서 발음하는 것입니다. 예를 들어 boy는 [보이], ball은 [볼], hotel은 [호텔] 같이 한국어에 있는 [오] 소리를 써서 말하는 거죠.

하지만 영어에 [오] 소리는 없습니다. 영어에서는 [오] 대신 모음 소리 [ɑː], [ɔː], [ou], [ə] 발음을 써서 말합니다. [오] 발음을 하기 전에 항상 이 네 가지 소리 중 어떤 것인지 생각해 보고 발음하도록 하세요.

발음 044

- [ɑː] 아ㅏ
  concert [ˈkɑːnsərt] 음악회 　　　　　콘서트 ×　　카써rㅌ ○
- [ɔː] 오ㅓ
  ball [bɔːl] 공 　　　　　　　　　　　볼 ×　　　보ㅓ을 ○
- [ou] 오우
  hotel [houˈtel] 호텔 　　　　　　　　호텔 ×　　　호우텔 ○
- [ə] 으/어
  control [kənˈtroul] 통제, 지배 　　　　콘트롤 ×　　컨트로울 ○

보~올!

bowl?

발음 045

[ɜː] = 어어 SPELLING er / ir / ur

[ɜː]는 한국어의 긴 [어] 소리와 같습니다. 다만 her[hɜːr], bird[bɜːrd]처럼 뒤에 자음 [r]가 올 때 표시하는 소리죠. [ɜːr]는 혀끝을 안쪽으로 말면서 [어어r] 하고 발음하세요.

읽기

	영어 철자		[영어 발음]		한글 발음	

her
[hɜːr]
그녀의, 그녀를

| h | e | | h | ɜː | | ㅎ | ㅓ 어 |
| | r | | | r | | | r |

sir
[sɜːr]
남자에 대한 경칭

| s | i | | s | ɜː | | ㅆ | ㅓ 어 |
| | r | | | r | | | r |

fur
[fɜːr]
모피, 털

| f | u | | f | ɜː | | ㅍ f | ㅓ 어 |
| | r | | | r | | | r |

연습

	영어 철자		[영어 발음]		한글 발음	

per
[pɜːr]
~당, ~마다

 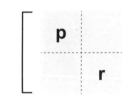 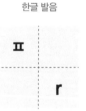

| p | e | | p | | | ㅍ | |
| | r | | | r | | | r |

[iː] = 이이

SPELLING e / ee / ea / ie

[iː]는 한국어 [이] 소리와 비슷하지만, 좀 더 입술을 양옆으로 벌려서 발음해 주세요. 사진 찍으면서 '김치~이' 할 때처럼 활짝 웃으며 [이~이]로 발음하면 됩니다.

읽기

	영어 철자	[영어 발음]	한글 발음

he
[hiː]
그는

| h | e | h | iː | ㅎ | 이 |

deep
[diːp]
깊은

| d | ee | d | iː | ㄷ | 이 |
| | p | | p | | ㅍ |

eat
[iːt]
먹다

| | ea | | iː | ㅇ | 이 |
| | t | | t | | ㅌ |

연습

	영어 철자	[영어 발음]	한글 발음

read
[riːd]
읽다

| r | ea | r | | 루 | |
| | d | | d | | ㄷ |

발음 047

[uː] = 우우

SPELLING o / oo / ou / u / ue / ui

한국어 [우] 소리와 비슷하지만 그냥 길게 [우]라고만 발음하면 안 됩니다. 입술을 동그랗게 내밀면서 마치 늑대가 울 듯이 [우~우] 하고 길게 발음해 주세요.

읽기

| 영어 철자 | [영어 발음] | 한글 발음 |

do
[duː]
하다

| d | o | | d | uː | | ㄷ | ㅜ우 |

cool
[kuːl]
시원한

| c | oo | | k | uː | | ㅋ | ㅜ우 |
| | l | | | l | | | 을 |

soup
[suːp]
수프

| s | ou | | s | uː | | ㅆ | ㅜ우 |
| | p | | | p | | | ㅍ |

연습

| 영어 철자 | [영어 발음] | 한글 발음 |

rule
[ruːl]
규칙, 지배하다

 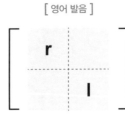 

| r | u | | r | | | 루 |
| | le | | | l | | | 을 |

발음 048

지금까지 배운 단모음 소리를 정리했습니다. 모음 발음기호는 형태와 소리가 생소한 게 많아서 배우기 어렵지만, 영어 발음과 음절을 이해하는 데 핵심이 되므로 꼭 익혀야 합니다.

영어 발음	[ɑ:]	[e]	[ɪ]	[ʊ]	[æ]
한글 발음	아ᵒᵘ	에	이	우	애
대표 철자	o / a	e / ea	i / y	oo / o ou / u	a

영어 발음	[ʌ]	[ɔ:]	[ɜ:]	[i:]	[u:]
한글 발음	어	오ᵒ	어ᵉ	이ⁱ	우ᵘ
대표 철자	u / o / ou	a / o au / aw ou	er / ir / ur	e / ee ea / ie	o / oo ou / u ue / ui

*   여기 나온 단모음 소리 외에, 이중모음 소리는 Part 3에서, 약한 [ə] 소리를 내는 [ə]는 Part 4에서 각각 익히도록 하겠습니다.

빈칸을 채운 다음, 단어의 발음을 연습해 봅시다.

발음 049

	영어 철자	[영어 발음]	한글 발음

1 hop
[hɑːp]
깡충깡충 뛰다

h	o	h	ㅎ
	p	p	ㅍ

2 jet
[dʒet]
제트기

j	e	dʒ	쮜
	t	t	ㅌ

3 kit
[kɪt]
도구 세트

k	i	k	ㅋ
	t	t	ㅌ

4 look
[lʊk]
보다, 바라보다

l	oo	l	ㄹ
	k	k	ㅋ

5 mad
[mæd]
몹시 화난, 미친

m	a	m	ㅁ
	d	d	ㄷ

	영어 철자		[영어 발음]		한글 발음	
6 **luck** **[lʌk]** 행운	l	u	l		ㄹ	
		ck		k		ㅋ
7 **hall** **[hɔːl]** 현관, 복도	h	a	h		ㅎ	
		ll		l		을
8 **sea** **[siː]** 바다	s	ea	s		ㅆ	
9 **were** **[wɜːr]** are의 과거형	w	e	w		우	
		re		r		r
10 **fool** **[fuːl]** 바보	f	oo	f		ㅍᶠ	
		l		l		을

PART 3

영어 발음이 되는
음절 훈련법

: 한국어 음절과 '다른'
1음절 영단어

Part 2에서 배운 단어는 영어와 한국어 모두 1음절, 즉 한 마디로 발음했습니다. 하지만 영어로는 1음절 단어이지만, 한국어로는 여러 음절로 잘못 발음하는 단어도 많이 있습니다. 예를 들어 우리는 bag을 1음절 [백]으로 발음하지만, gag는 [개그]라고 2음절로 발음하는 경향이 있죠. 하지만 실제로는 bag과 gag 모두 1음절 단어입니다.

이번 파트에서는 어떤 경우에 영어 음절과 한국어 음절이 일치하지 않는지 알아보고, 블록을 통해 단어의 정확한 음절을 배워 보겠습니다.

CHAP

이중자음

: 자음과 자음이 만나
하나의 소리가 된다!

TER 1

[이중자음의 발음 특징]

한국어와 영어 음절이 다른 가장 큰 이유는 한국어의 '으' 발음이 영어에는 없기 때문입니다. 예를 들어 [s]는 가스가 빠지는 [ㅅ] 소리이지, 한국어의 [스] 소리가 아닙니다. [t] 역시 툭 터지는 [ㅌ] 소리이지 [트] 소리가 아닙니다.

그런데 첫 자음 자리에 두 개의 자음이 연속해서 오는 '이중자음'과, 세 개의 자음이 연속해서 오는 '삼중자음'의 경우, 한국 사람들은 자음에 '으' 소리를 넣어서 틀리게 발음하는 경우가 많습니다. stop[스탑], drop[드랍], tree[트리], spring[스프링], 이런 식으로 말이죠.

stop은 [스/탑]처럼 2개의 소리로 발음하면 틀립니다. [스] 소리 없이 [ㅅ탑]하고 1음절로 발음해야 하죠. drop도 2음절 [드/랍]이 아니라, [드] 발음 없이 1음절 [ㄷ랍]으로 발음해야 하고요. spring처럼 spr이라는 세 자음이 연이어서 오는 경우도 마찬가지입니다. 1음절 [ㅅㅍ링]으로 발음해야 하죠.

	×	○
stop [stɑːp]	스 탑	ㅅ탑
drop [drɑːp]	드 랍	ㄷ랍
spring [sprɪŋ]	스 프 링	ㅅㅍ링

1음절 단어에서 이중자음은 소리의 크기에도 차이가 있습니다. 모음에 붙은 자음일수록 소리를 크게 내죠. 예를 들어 stop은 s보다는 t의 소리가 큽니다. [ㅅ탑]처럼 [ㅅ]는 작게 [탑]은 크게 소리 냅니다. s는 모음이 없으니 작은 소리이고, top에서 t는 모음이 붙어 있으니 큰 소리가 나는 거죠. spring도 마찬가지입니다. sp 소리는 작게, ring에서 r은 크게 소리 내서 [ㅅㅍ링]으로 발음하죠. '으' 소리를 살려 [스프링]이라고 하면 어색한 발음이 되므로 주의하세요.

[이중자음 블록 표기법]

그럼 이중자음을 블록에 표기할 때는 어떻게 쓰면 되는지 알아보겠습니다. 단어 stop(멈추다)을 한번 블록에 써 볼까요?

영어 철자

stop이라는 철자 중에서 첫 자음 st는 자음 칸, 모음 o는 모음 칸, 받침 p는 받침 칸에 쓰면 됩니다. s만 있는 블록은 틀린 블록입니다. 블록에는 꼭 모음이 있어야 하므로, s가 t가 있는 블록으로 넘어가 한 개의 블록이 됩니다.

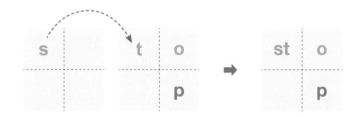

영어 발음

stop의 영어 발음 표기는 [staːp]입니다. 마찬가지로 첫 자음 소리 [st]는 첫 자음 칸에 같이 쓰고, 모음 발음 [aː]는 모음 칸, 받침 [p]는 받침 칸에 쓰면 됩니다.

st	aː
	p

한글 발음

stop의 한글 발음 표기는 [ㅅㅌ앒]입니다. 자음 칸에는 '으' 소리를 빼고 '스트'가 아닌 'ㅅㅌ'로 적습니다. 발음할 때도 '으' 소리 없이 한 호흡으로 부드럽게 발음해 줍니다.

ㅅㅌ	ㅏ아
	ㅍ

발음 050

[bl / kl / fl]

SPELLING **bl / cl / fl**

이중자음 bl은 [bl: 블], cl은 [kl: 클], fl은 [fl: 플ᶠ] 소리가 납니다. black은 [블/랙]처럼 2음절로 따로따로 발음하지 말고, 한 마디의 소리 [블액]으로 부드럽게 발음해 주세요.

읽기

영어 철자		[영어 발음]		한글 발음	

black
[blæk]
검은, 검은색

bl	a	bl	æ	블	ㅐ
	ck		k		ㅋ

clean
[kliːn]
깨끗한

cl	ea	kl	iː	클	ㅣ이
	n		n		ㄴ

flag
[flæg]
깃발

fl	a	fl	æ	플ᶠ	ㅐ
	g		g		ㄱ

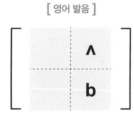
연습

영어 철자		[영어 발음]		한글 발음	

club
[klʌb]
클럽, 동호회

cl	u		ʌ		ㅓ
	b		b		ㅂ

발음 051

[gl / pl / sl]   SPELLING gl / pl / sl

gl은 [gl: 글], pl은 [pl: 플], sl은 [sl: 슬] 소리가 납니다. sleep은 [슬/맆]처럼 2음절로 발음하지 말고, 소리를 이어서 하나로 [슬맆]처럼 부드럽게 발음해 보세요.

읽기

	영어 철자		[영어 발음]		한글 발음	

glue
[gluː]
접착제, 풀

| gl | ue | | gl | uː | | 글 | ㅜ우 |

plum
[plʌm]
자두

| pl | u | | pl | ʌ | | 플 | ㅓ |
| | m | | | m | | | ㅁ |

sleep
[sliːp]
잠, 잠자다

| sl | ee | | sl | iː | | 슬 | ㅣ이 |
| | p | | | p | | | ㅍ |

연습

	영어 철자		[영어 발음]		한글 발음	

plan
[plæn]
계획, 계획하다

| pl | a | | | æ | | | ㅐ |
| | n | | | n | | | ㄴ |

발음 052

[br / kr]

SPELLING br / cr

자음 뒤에 오는 r은 [루] 소리가 납니다. 그래서 br은 [br: ㅂ루], cr은 [kr: ㅋ루]로 소리 나죠. 이때 [브루], [크루]처럼 앞에 '으' 소리를 내지 않도록 주의하세요.

 읽기

	영어 철자	[영어 발음]	한글 발음

brick
[brɪk]
벽돌

br	i		br	ɪ		ㅂ루	ㅣ
	ck			k			ㅋ

crab
[kræb]
게

cr	a		kr	æ		ㅋ루	ㅐ
	b			b			ㅂ

cream
[kriːm]
크림

cr	ea		kr	iː		ㅋ루	ㅣ 이
	m			m			ㅁ

 연습

	영어 철자	[영어 발음]	한글 발음

bring
[brɪŋ]
가져오다, 데려오다

br	i			ɪ			ㅣ
	ng			ŋ			ㅇ

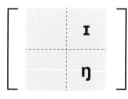

[fr / gr / pr]   SPELLING fr / gr / pr

fr은 [fr: ㅍf루], gr은 [gr: ㄱ루], pr은 [pr: ㅍ루]로 소리 납니다. 마찬가지로 '으' 소리를 내지 않도록 주의하면서 발음하세요. 이때 [fr]는 [pr]와 달리 아 랫입술에 윗니를 대고 [ㅍf] 소리를 냅니다.

읽기

	영어 철자		[영어 발음]		한글 발음	

frog
[frɔ:g]
개구리

fr	o		fr	ɔː		ㅍf루	ㅗㅓ
	g			g			ㄱ

group
[gru:p]
그룹, 집단

gr	ou		gr	uː		ㄱ루	ㅜ우
	p			p			ㅍ

pre-
[pri:]
~이전의 (접두사)

pr	e		pr	iː		ㅍ루	ㅣ이

연습

	영어 철자		[영어 발음]		한글 발음	

free
[friː]
자유로운

fr	ee			iː			ㅣ이

[dr/tr]

SPELLING **dr / tr**

dr은 [dr: ㄷ루], tr은 [tr: ㅌ루]로 소리 납니다. 이때 연음 현상 때문에 dr은 '듀' 와 '쥬' 사이의 소리 [쥬(듀)루], tr은 [츄루]에 가깝게 발음합니다. 그래서 drum은 [ㄷ럼]이 아니라 [쥬(듀)럼]으로 발음하죠.

읽기

	영어 철자	[영어 발음]	한글 발음

drum
[drʌm]
북, 드럼

dr	u	dr	ʌ	ㄷ루 ㅓ
	m		m	ㅁ

tree
[tri:]
나무

tr	ee	tr	i:	ㅌ루 ㅣ이

truck
[trʌk]
트럭

tr	u	tr	ʌ	ㅌ루 ㅓ
	ck		k	ㅋ

연습

	영어 철자	[영어 발음]	한글 발음

drop
[drɑ:p]
떨어지다, 떨어뜨리다

dr	o		ɑ:	ㅏ아
	p		p	ㅍ

[sm/sn]

발음 055

SPELLING sm / sn

sm은 [sm: ㅅㅁ], sn은 [sn: ㅅㄴ]로 소리 냅니다. 이때 [m]과 [n]은 콧소리가 나는 발음이라서, sm은 [슴], sn은 [슨]처럼 콧소리를 내야 하죠. snow도 [스노우]보다는 [슨오우]처럼 콧소리를 내서 발음하세요.

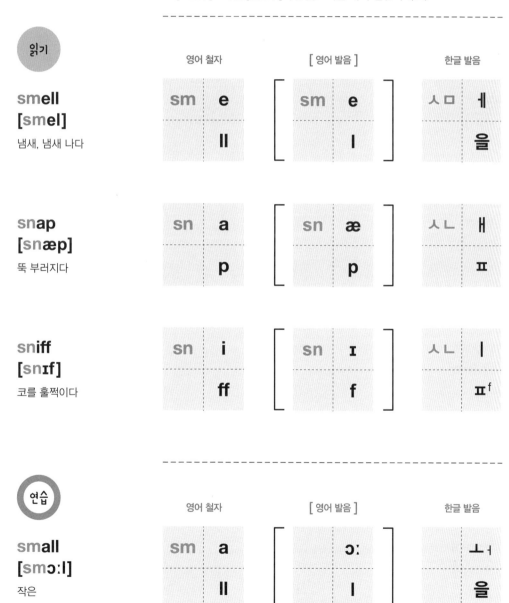

읽기

| 영어 철자 | [영어 발음] | 한글 발음 |

smell
[smel]
냄새, 냄새 나다

| sm | e | | sm | e | | ㅅㅁ | ㅔ |
| | ll | | | l | | | 을 |

snap
[snæp]
뚝 부러지다

| sn | a | | sn | æ | | ㅅㄴ | ㅐ |
| | p | | | p | | | ㅍ |

sniff
[snɪf]
코를 훌쩍이다

| sn | i | | sn | ɪ | | ㅅㄴ | ㅣ |
| | ff | | | f | | | ㅍ^f |

연습

| 영어 철자 | [영어 발음] | 한글 발음 |

small
[smɔːl]
작은

| sm | a | | | ɔː | | | ㅗㅓ |
| | ll | | | l | | | 을 |

발음 056

[sk / sp / st]

SPELLING **sk, sc, sch / sp / st**

sk, sc, sch는 [sk: ㅅㅋ], sp는 [sp: ㅅㅍ], st는 [st: ㅅㅌ]로 발음합니다. 이 때 [k: ㅋ], [p: ㅍ], [t: ㅌ]처럼 팍 터트리는 소리는 [s] 뒤에 오면 센 소리 'ㄲ, ㅃ, ㄸ'로 변하므로 실제 발음은 [ㅅㄲ], [ㅅㅃ], [ㅅㄸ]에 가깝게 소리 납니다. 우리가 '맛동산'을 **[맛똥산]**처럼 발음하는 것과 같죠.

읽기

ski
[skiː]
스키

sting
[stɪŋ]
(곤충, 식물이) 쏘다, 찌르다

spoon
[spuːn]
숟가락

연습

school
[skuːl]
학교

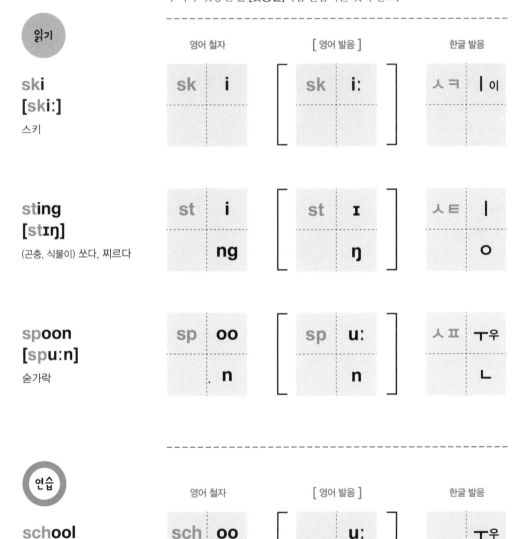

발음 057

[sw / tw]

SPELLING sw / tw

sw는 [sw: ㅅ우], tw는 [tw: ㅌ우]로 소리 납니다. 이때 뒤에는 [w]의 [우] 소리를 꼭 넣어서 발음해야 하므로 주의하세요.

읽기

	영어 철자		[영어 발음]		한글 발음	
twin **[twɪn]** 쌍둥이	tw	i	tw	ɪ	ㅌ우	ㅣ
		n		n		ㄴ
tweet **[twiːt]** 새가 짹짹 지저귀다	tw	ee	tw	iː	ㅌ우	ㅣ이
		t		t		ㅌ
swan **[swɑːn]** 백조	sw	a	sw	ɑː	ㅅ우	ㅏ아
		n		n		ㄴ

연습

	영어 철자		[영어 발음]		한글 발음	
swim **[swɪm]** 수영, 수영하다	sw	i		ɪ		ㅣ
		m		m		ㅁ

발음 058

[skr / str]

SPELLING **scr / str**

string처럼 자음 세 개가 연속으로 오는 '삼중자음'은 '으' 발음을 없애고 하나의 소리로 부드럽게 발음하되, 맨 뒤의 자음은 보다 크게 소리 내 주세요. [skr]는 [ㅅㅋ루], [str]는 [ㅅㅌ루]로 소리 나는데, 센 소리 [ㅅㄲ루], [ㅅㄸ루]에 가깝게 발음하죠. string은 [스트링]이 아니라 [ㅅㄸ링]!

읽기

영어 철자	[영어 발음]	한글 발음

scrub
[skrʌb]
문질러 씻다

scr	u	skr	ʌ	ㅅㅋ루	ㅓ
	b		b		ㅂ

string
[strɪŋ]
끈, 줄

str	i	str	ɪ	ㅅㅌ루	ㅣ
	ng		ŋ		ㅇ

scream
[skri:m]
비명을 지르다

scr	ea	skr	i:	ㅅㅋ루	ㅣ이
	m		m		ㅁ

연습

영어 철자	[영어 발음]	한글 발음

street
[stri:t]
거리, 도로

str	ee		i:		ㅣ이
	t		t		ㅌ

발음 059

[spr/spl] SPELLING spr/spl

[spr]는 [ㅅㅍ루], [spl]은 [ㅅ플]로 발음하는데, '으' 발음을 없애고 하나의 소리로 발음해 주세요. [spr]는 센 소리 [ㅅㅃ루]에 가깝게 발음합니다. spring은 [스프링]이 아니라 [ㅅㅃ륑]!

읽기

영어 철자	[영어 발음]	한글 발음

spread
[spred]
펼치다, 펴다

spr	ea		spr	e		ㅅㅍ루	ㅔ
	d			d			ㄷ

splash
[splæʃ]
(물을) 끼얹다

spl	a		spl	æ		ㅅ플	ㅐ
	sh			ʃ			쉬

spring
[sprɪŋ]
봄

spr	i		spr	ɪ		ㅅㅍ루	ㅣ
	ng			ŋ			ㅇ

연습

영어 철자	[영어 발음]	한글 발음

split
[splɪt]
나누다, 나뉘다

spl	i			ɪ			ㅣ
	t			t			ㅌ

발음 060

[kw / skw] SPELLING qu / squ

알파벳 q는 항상 모음 u랑 같이 다니는데, qu는 [k : ㅋ] 소리가 아니라 [kw : ㅋ우] 소리가 납니다. [w : 우] 발음을 꼭 해야 하죠. 그래서 quiz는 [퀴즈]가 아닌 [ㅋ우이즈], queen도 [퀸]이 아니라 [ㅋ우이인]으로 발음합니다. squ도 마찬가지로 [w] 소리를 넣어 [skw : ㅅㅋ우]로 발음하죠.

읽기

	영어 철자	[영어 발음]	한글 발음

queen
[kwiːn]
여왕

qu	ee	kw	iː	ㅋ우	ㅣ 이
	n		n		ㄴ

quick
[kwɪk]
빠른, 신속한

qu	i	kw	ɪ	ㅋ우	ㅣ
	ck		k		ㅋ

squat
[skwɑːt]
쪼그려 앉다

squ	a	skw	ɑː	ㅅㅋ우	ㅏ 아
	t		t		ㅌ

연습

	영어 철자	[영어 발음]	한글 발음

quit
[kwɪt]
그만두다

qu	i		ɪ		ㅣ
	t		t		ㅌ

발음 안 하는 이중자음도 있다?

두 자음이 연속으로 오는 이중자음 중에는, 두 자음 중 하나가 아예 소리가 안 나는 묵음일 때도 있습니다. 대표적으로 이중자음 wr은 w는 묵음이고 r만 소리 납니다. wrist(손목)는 w가 묵음이라 [rɪst]라고 발음하죠. kn도 마찬가지로 k가 묵음인데, know(알다) 역시 n만 소리가 나서 [noʊ]라고 발음하지요. gn도 g가 묵음인데, gnarl[nɑːrl]처럼 단어 앞에 오는 경우에도 묵음이지만, sign[saɪn]처럼 뒤에 오는 경우에도 묵음이 됩니다.

여기 나온 kn, wr, gn처럼 묵음이 명확하게 드러나는 철자도 있지만, 단어에서 어떤 철자가 소리를 내고 어떤 철자가 소리를 내지 않는지는 바로 알기 어렵습니다. 앞에서 sw는 [sw] 소리가 난다고 했지만 sword(검, 칼) 같은 경우에는 w가 묵음이라 [sɔːrd]로 발음되거든요. 따라서 새로운 단어를 배울 때마다, 어떻게 읽는지 발음기호를 확인하는 습관을 들이세요.

발음 061

- **k가 묵음인 이중자음**

  know [noʊ] 알다

  knight [naɪt] 기사

  knee [niː] 무릎

  knit [nɪt] 뜨개질하다

- **w가 묵음인 이중자음**

  wrap [ræp] 포장하다

  write [rait] 쓰다

  wrist [rɪst] 손목

  sword [sɔːrd] 검, 칼

- **g가 묵음인 이중자음**

  gnarl [nɑːrl] (나무의) 옹이

  sign[saɪn] 조짐, 징표

지금까지 배운 이중자음과 삼중자음의 소리를 정리했습니다. 앞에서도 강조
했듯이 '으' 소리를 내지 말고 부드럽게 하나로 이어서 발음해 보세요.

발음 062

영어 발음	[bl]	[kl]	[fl]	[gl]	[pl]	[sl]
한글 발음	블	클	플ᶠ	글	플	슬
대표 철자	bl	cl	fl	gl	pl	sl

영어 발음	[br]	[kr]	[fr]	[gr]	[pr]	[dr]*	[tr]*
한글 발음	ㅂ루	ㅋ루	ㅍᶠ루	ㄱ루	ㅍ루	ㄷ루	ㅌ루
대표 철자	br	cr	fr	gr	pr	dr	tr

영어 발음	[sm]	[sn]	[sk]**	[sp]**	[st]**	[sw]	[tw]
한글 발음	ㅅㅁ	ㅅㄴ	ㅅㅋ	ㅅㅍ	ㅅㅌ	ㅅ우	ㅌ우
대표 철자	sm	sn	sk / sc sch	sp	st	sw	tw

영어 발음	[skr]	[str]	[spr]	[spl]	[kw]	[skw]
한글 발음	ㅅㅋ루	ㅅㅌ루	ㅅㅍ루	ㅅ플	ㅋ우	ㅅㅋ우
대표 철자	scr	str	spr	spl	qu	squ

* 발음을 부드럽게 하려다 보니 [dr]는 [쥬(듀)루], [tr]는 [츄루] 소리에 가깝게 발음하기도 합니다.

** [s] 뒤의 [k], [p], [t]가 센 소리로 바뀌어서 [sk]는 [ㅅㄲ], [sp]는 [ㅅㅃ], [st]는 [ㅅㄸ]처럼 발음하는 경향이 있습니다. [skr], [spr], [str]도 마찬가지입니다.

빈칸을 채운 다음, 단어의 발음을 연습해 봅시다.

발음 063

	영어 철자		[영어 발음]		한글 발음

1 blue
[blu:]
파란,파란색

| bl | ue | | u: | | ㅜ우 |

2 clock
[klɑ:k]
시계

| cl | o | | ɑ: | | ㅏ아 |
| | ck | | k | | ㅋ |

3 dream
[dri:m]
꿈, 꿈꾸다

| dr | ea | | i: | | ㅣ이 |
| | m | | m | | ㅁ |

4 from
[frʌm]
~로부터

| fr | o | | ʌ | | ㅓ |
| | m | | m | | ㅁ |

5 green
[gri:n]
초록색의, 초록색

| gr | ee | | i: | | ㅣ이 |
| | n | | n | | ㄴ |

	영어 철자	[영어 발음]	한글 발음

6 **star**
[stɑːr]
별

st	a	ɑː	ㅏ 아
	r	r	r

7 **snack**
[snæk]
간식

sn	a	æ	ㅐ
	ck	k	ㅋ

8 **swing**
[swɪŋ]
흔들리다, 흔들다

sw	i	ɪ	ㅣ
	ng	ŋ	ㅇ

9 **trip**
[trɪp]
여행

tr	i	ɪ	ㅣ
	p	p	ㅍ

10 **screw**
[skruː]
나사

scr	ew	uː	ㅜ우

CHAP

이중모음

: 두 개의 모음 소리를
한 번의 호흡으로
매끄럽게 발음한다!

T E R 2

[한 호흡으로 발음하는 이중모음]

이중자음에서 연이어서 오는 자음 소리 두 개를 한 번에 발음하듯, 모음 소리 두 개를 한 번에 발음하는 경우가 있습니다. 모음 두 개의 소리가 한 번의 호흡으로 한 음절로 발음되는 모음을 '이중모음'이라고 합니다.

그렇다고 해서 영어에서 연달아 나오는 두 개의 발음이 다 이중모음이 되는 것은 아닙니다. 이중모음은 미국 영어를 기준으로 할 때 총 다섯 개가 있습니다. [aɪ: 아이], [eɪ: 에이], [ɔɪ: 오ㅓ이], [aʊ: 아우], [oʊ: 오우] 소리죠.

이중모음의 가장 큰 특징은 한 번의 호흡으로 쭉 이어서 소리 낸다는 겁니다. 대명사 I의 발음, [aɪ]를 예로 들어 보겠습니다. 우리는 [aɪ]를 [아/이]라고 2음절로 발음하는 경향이 있지만, 영어에서는 하나의 모음 소리, 즉 1음절로 발음합니다. 크리스마스 노래 〈울면 안 돼〉를 불러 보세요. "울면 안 돼, 울면 안 돼. 산타 할아버지는 우는 아이에겐 선물을 안 주신대." 여기서 '아이'는 두 음표에 나눠서 들어가 있는 2음절 단어입니다. 이번에는 영어로 "I wish you a merry Christmas"를 불러 보세요. 이 노래 속의 I는 하나의 음표에 들어가는 1음절 단어입니다.

영어 이중모음의 또 다른 특징은 모음 소리 두 개의 세기가 다르다는 겁니다. 한국어에서 '아이'는 [아]와 [이]를 같은 세기로 발음하지만, 영어의 I는 [아]는 크게 소리 내고 [이]는 작게 소리 내면서, 한 번의 호흡으로 매끄럽게 발음합니다. '아~~~~~~' 하고 크게 소리를 내다가 끊지 말고 입 모양을 [이]로 바꿔 보세요. 그러면 자연스럽게 [아]에서 [이] 발음으로 끝나게 됩니다. 끊지 말고 하나의 소리를 내는 거죠. 마찬가지로 by[바이], my[마이], pie[파이] 모두 1음절 단어입니다.

	×		○
by [baɪ]	바	이	바이
my [maɪ]	마	이	마이
pie [paɪ]	파	이	파이

[한국어에도 이중모음이 있다?]

사실 한국어에도 이중모음이 존재합니다. 예를 들어 우리는 '의자'라는 단어 속의 '의'를 [으/이]라고 2음절로 각각 발음하지 않고 [의]라고 한 번에 발음하죠. '봐' 할 때도 2음절 [보/아]가 아니라 1음절 [봐]로 발음하고요.

만약 외국 사람이 '바위'를 놓고, [바우이]로 발음한다면 우리도 무슨 말인지 잘 모를 수 있겠죠? '왜'를 [오애]라고 발음해도 그렇고요. 마찬가지로 영어의 이중모음도 한 개의 음으로 생각하고 발음해야지, 두 개로 생각하고 발음하면 원어민은 못 알아듣습니다.

영어의 이중모음은 우리가 한글로 표기할 때 '아이', '에이'처럼 2음절로 쓰기 때문에 많이 틀리는 발음입니다. 하지만 원어민이 '바위'를 [바우이]라고 읽으면 우리 귀에 어색하게 들리듯, 우리가 my를 [마이]라고 하면 원어민에게는 이상하게 들릴 수밖에 없습니다. 우리가 [우이]가 아닌 [위]라고 한 번에 발음하듯, 영어 발음 [aɪ]도 한 번에 한 음으로 발음해야 하는 거죠.

[이중모음의 뒷소리는 작게 낸다]

우리는 이중모음의 발음을 1음절로 생각하기 어렵기 때문에 신경 써서 발음해야 합니다. 특히 들을 때도 주의가 필요하죠. 영어에서는 이중모음의 앞부분은 세게 발음하고 뒷부분은 작게 발음합니다. 그러다 보니 뒤의 소리는 잘 안 들리는 경우가 많습니다.

이중모음의 이러한 특징은 팝송을 들을 때 단어가 헷갈리게 되는 가장 큰 이유입니다. 예를 들어 가사 all by my self를 들을 때 by는 [바]처럼, my는 [마]처럼 앞 소리만 분명하게 들리다 보니, 어떤 단어인지 파악하기 어려운 것이죠. 영어 노래를 들을 때 자세히 귀를 기울이면, I도 [아이]보다는 거의 [아]로만 들리는 것을 깨달을 수 있을 겁니다.

이처럼 이중모음은 한 호흡으로 발음하되, 앞의 모음 소리는 크게 내고 뒤의 모음 소리는 살짝 작게 내는 것이 핵심입니다.

	×		○
[aɪ]	아	이	아이
[aʊ]	아	우	아우
[eɪ]	에	이	에이
[ɔɪ]	오ㅓ	이	오ㅓ이
[oʊ]	오	우	오우

[이중모음 블록 표기법]

그럼 이중모음이 들어간 단어를 블록에 어떻게 표기하는지 알아볼까요? 단어 say(말하다)를 예로 들어 자세히 살펴보겠습니다.

영어 철자

say라는 철자에서 자음 칸에는 s를 쓰고, 모음 칸에는 ay 라는 모음 철자를 같이 써 줍니다. y는 여기서 앞의 모음 a 와 결합해 자음 소리가 아닌 모음 소리를 냅니다.

<code>s | ay</code>

영어 발음

say의 영어 발음 표기는 [seɪ]입니다. 마찬가지로 첫 자음 [s]는 자음 칸, 이중모음인 [eɪ]는 모음 칸에 한꺼번에 같 이 써 줍니다.

<code>s | eɪ</code>

한글 발음

이중모음의 첫 소리는 크게, 두 번째 소리는 작게 표기합니다. [쎄]와 [이]가 블록에 하나씩 따로 들어가는 게 아니라, 한 블록 안에 같이 들어가는 것이 핵심입니다. 이중 모음이 들어간 단어는 이처럼 블록 한 개의 1음절로 발음해야 하죠.

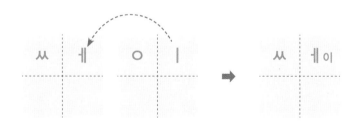

발음 064

[aɪ] = 아이

SPELLING i / y / ie

[아] 소리를 쭉 내다가 입 모양을 [이]로 바꾸면, 자연스럽게 [아이]라고 발음할 수 있습니다. 한국식으로 [아/이]라고 끊지 말고 쭈욱 이어지는 소리를 내주세요. 이때 [아] 소리는 크게, [이]는 살짝 작게 냅니다.

읽기

	영어 철자	[영어 발음]	한글 발음

by
[baɪ]
(방법, 수단)으로

b | y → [b aɪ] → ㅂ ㅏ이

sky
[skaɪ]
하늘

sk | y → [sk aɪ] → ㅅㅋ ㅏ이

line
[laɪn]
선, 줄

l | i / ne → [l aɪ / n] → ㄹ ㅏ이 / ㄴ

연습

	영어 철자	[영어 발음]	한글 발음

time
[taɪm]
시간

t | i / me → [t / m] → ㅌ / ㅁ

발음 065

[eɪ] = 에이

SPELLING **a / ai / ay / ei / ey / ea**

[aɪ]와 마찬가지로 [에]와 [이] 발음을 따로 하지 말고 [에] 소리를 쭉 내다가 입 모양을 [이]로 바꾸면, 자연스럽게 [에이] 발음이 나옵니다. 역시 [에] 소리는 크게, [이] 살짝 작게 내 주세요.

읽기

영어 철자	[영어 발음]	한글 발음

take
[teɪk]
가져가다, 데려가다

t	a		t	eɪ		ㅌ	ㅔ이
	ke			k			ㅋ

eight
[eɪt]
8, 여덟

	ei			eɪ		ㅇ	ㅔ이
	ght			t			ㅌ

stay
[steɪ]
머무르다

st	ay		st	eɪ		ㅅㅌ	ㅔ이

연습

영어 철자	[영어 발음]	한글 발음

pain
[peɪn]
통증

p	ai		p	eɪ		ㅍ	
	n			n			ㄴ

발음 066

[ɔɪ] = 오ㅓ이 SPELLING oi / oy

[ɔɪ]는 [ɔ]의 [오ㅓ] 소리로 시작해 [이]로 끝나는 발음입니다. [ɔ]는 사실 [오]
보다는 [어] 발음에 더 가까우므로, 그냥 [오]라고 하지 않게 주의하세요.
boy는 2음절 [보이]가 아니고 1음절 [보ㅓ이]로 한 번에 발음해야 합니다.

읽기

영어 철자	[영어 발음]	한글 발음

oil
[ɔɪl]
기름, 석유

oi	ɔɪ	ㅇ ㅗㅓ이
l	l	을

coin
[kɔɪn]
동전

c	oi	k	ɔɪ	ㅋ ㅗㅓ이
	n		n	ㄴ

boy
[bɔɪ]
소년

b	oy	b	ɔɪ	ㅂ ㅗㅓ이

연습

영어 철자	[영어 발음]	한글 발음

toy
[tɔɪ]
장난감

t	oy	t		ㅌ

발음 067

[aʊ] = 아우 SPELLING ou / ow

[아] 소리를 쭉 내다가 입 모양을 뾰족하게 [우]로 바꾸면, 자연스럽게 [아우] 발음을 할 수 있습니다. 늑대가 '아우~' 하고 울 듯이 한 호흡으로 소리 내 보세요.

읽기

	영어 철자	[영어 발음]	한글 발음

mouse
[maʊs]
생쥐

m	ou		m	aʊ		ㅁ	ㅏ우
	se			s			ㅅ

out
[aʊt]
밖에, 밖으로

	ou			aʊ		ㅇ	ㅏ우
	t			t			ㅌ

crown
[kraʊn]
왕관

cr	ow		kr	aʊ		ㅋ루	ㅏ우
	n			n			ㄴ

 연습

	영어 철자	[영어 발음]	한글 발음

down
[daʊn]
아래에, 아래로

d	ow		d			ㄷ	
	n			n			ㄴ

발음 068

[oʊ] = 오우 SPELLING o / oa / oe / ou / ow

[oʊ]는 [오우]라고 한 음절로 부드럽게 이어서 발음합니다. 우리는 [oʊ]를 그냥 [오]로 발음하는 경향이 있는데, 꼭 뒤에 [우] 소리를 살짝 내 줘야 합니다. phone은 [폰]이 아니라 [포운], hotel은 [호텔]이 아니라 [호우텔]이 좀 더 맞는 발음입니다.

읽기

	영어 철자		[영어 발음]		한글 발음

phone
[foʊn]

전화기

ph	o		f	oʊ		ㅍf	ㅗ우
	ne			n			ㄴ

boat
[boʊt]

배, 보트

b	oa		b	oʊ		ㅂ	ㅗ우
	t			t			ㅌ

toe
[toʊ]

발가락

t	oe		t	oʊ		ㅌ	ㅗ우

연습

	영어 철자		[영어 발음]		한글 발음

soul
[soʊl]

영혼

s	ou		s			ㅆ	
	l			l			을

이번 장에서 배운 이중모음 소리를 정리해 봅시다. 첫소리보다 뒷소리가 더 작게 납니다. 2음절로 발음하지 말고 한 호흡으로 매끄럽게 1음절로 발음해 보세요.

발음 069

영어 발음	[aɪ]	[eɪ]	[ɔɪ]
한글 발음	아이	에이	오ㅓ이
대표 철자	i / y / ie	a / ai / ay ei / ey / ea	oi / oy

영어 발음	[aʊ]	[oʊ]
한글 발음	아우	오우
대표 철자	ou / ow	o / oa / oe ou / ow

빈칸을 채운 다음, 단어의 발음을 연습해 봅시다.

발음 070

		영어 철자		[영어 발음]		한글 발음
1	**buy** **[baɪ]** 사다	**b**	uy	**b**		ㅂ
2	**type** **[taɪp]** 유형, 타입	**t**	y **pe**	**t**	**p**	ㅌ ㅍ
3	**game** **[geɪm]** 경기, 게임	**g**	a **me**	**g**	**m**	ㄱ ㅁ
4	**mail** **[meɪl]** 우편, 우편물	**m**	ai **l**	**m**	**l**	ㅁ 을
5	**sow** **[soʊ]** (씨를) 뿌리다	**s**	ow	**s**		ㅆ

정답은 227페이지

	영어 철자		[영어 발음]		한글 발음

6 **join**
[dʒɔɪn]
연결하다, 가입하다

j	oi	dʒ		쮸
	n		n	ㄴ

7 **soil**
[sɔɪl]
토양, 흙

s	oi	s		쓰
	l		l	을

8 **cow**
[kaʊ]
암소, 젖소

c	ow	k		ㅋ

9 **town**
[taʊn]
작은 도시, 마을

t	ow	t		ㅌ
	n		n	ㄴ

10 **bowl**
[boʊl]
(오목한) 그릇

b	ow	b		ㅂ
	l		l	을

127

CHAP

받침 자음

: 끝소리에 '으' 발음을
넣지 않고 발음한다!

TER 3

[받침소리에 '으'를 넣지 말자]

한국어 음절과 영어 음절이 다른 이유 중 하나는 받침소리 때문입니다. 이해를 돕기 위해 먼저 영어와 일본어 음절을 비교해 보겠습니다. 햄버거 브랜드 McDonald's(맥도날드)를 일본에서는 [마구도나루도]라고 부릅니다. 일본어에는 받침소리가 거의 없기 때문에 '맥'을 [마구], '날'을 [나루]로 음절을 늘려서 말하는 것이죠. 일본어에는 'ㄹ' 받침이 없다 보니 ball도 마찬가지로 [보루]라고 늘려서 발음합니다.

반면에 한국어에는 받침소리가 있어서 영어 단어를 읽을 때 일본어보다는 훨씬 음절에 맞게 발음할 수 있습니다. '막, 만, 민, 말, 맘, 맙 망' 같은 글자처럼 ㄱ, ㄴ, ㄷ, ㄹ, ㅁ, ㅂ, ㅇ 등 발음이 새지 않는 받침소리가 올 때는 한국어도 영어 발음과 같은 음절로 발음합니다. 그래서 [g, n, d, l, m, b, ŋ] 소리가 받침으로 오는 bag[백], ten[텐], good[굳], sell[쎌], mom[맘], cab[캡], sing[씽] 같은 단어는 한국 사람들도 쉽게 1음절로 발음할 수 있죠.

하지만 한국 사람들도 s, f, v, z처럼 발음이 새는 받침소리가 올 때는 '으' 소리를 붙여 2음절로 만들어 버리는 경향이 있습니다. 예를 들어 볼까요? gas의 발음은 [gæs]로 1음절입니다. 받침소리 [s]는 가스가 'ㅅ' 하고 새는 듯한 발음인데, 우리말 '스'와는 다릅니다. gas의 발음을 굳이 한국어로 표기하자면 [개ㅅ] 정도의 느낌입니다. 하지만 우리는 '으' 모음을 붙여서 '가', '스'라는 2음절로 말하고 있죠.

비슷한 단어를 더 예로 들어 볼까요? 영어에는 '으' 모음이 없기 때문에, bag과 gag 모두 2음절이 아니라 1음절로 발음해야 합니다. 그런데 우리는 bag은 '백'이라고 제대로 쓰지만, 똑같이 -g로 끝나는 gag은 2음절 '개그'라고 씁니다. 그런데 gag을 [개그]로 발음하는 것은, 일본인이 Mac[맥]을 [마구]로 발음하는 것과 마찬가지입니다. gag은 bag처럼 [객]이라고 한 번에 1음절로 발음해야지, 질질 끌어서 2음절로 발음하면 안 됩니다. 마찬가지로 bat도 [배트]가 아닌 [뱉]이라고 발음합니다. 그래서 영화 제목 〈Batman〉은 [배트맨]이 아니라 [뱉맨]이라고 2음절로 발음해야 하죠. 뒤에 '으' 음절을 넣지 말고 칼같이 끊어 주세요.

이번 장에서 배울 받침 자음의 소리 역시 Part 2에서 배운 첫 자음 소리와 마찬가지로 ㄱ, ㄴ, ㄷ, ㄹ...과 비슷한 소리 순서대로 정리했습니다. 한국어 소리와 비교하면서 연습해 보세요.

[받침 자음 블록 표기법]

받침 자음을 블록에 표기할 때는 블록의 맨 아래 칸에 넣으면 됩니다. 이때 주의할 점이 하나 있습니다. 바로 블록의 받침소리와 실제 한글 발음은 다르다는 것입니다. 예를 들어 gas[gæs]를 블록에 표기하면 아래와 같습니다.

이때 블록의 한글 발음은 실제로는 '갯'이 아니므로 주의하세요. 한국어에서는 ㅅ 받침이 ㄷ으로 소리 나기 때문에 '갯'은 [갣]과 같은 닫힌 소리를 냅니다. 그러나 gas의 영어 받침 [s]는 마치 바람이 새듯 'ㅅ' 하는 소리가 나야 하죠.

그래서 단순한 한글 발음 표기보다는 영어의 발음기호를 보고 읽는 법을 익히는 것이 중요합니다. 특히 무엇보다 중요한 것은 '으' 소리를 붙여서 [개스]처럼 2글자로 발음하면 안 된다는 점입니다. 영어의 받침 자음은 뒤에 살짝 덧붙이듯 소리 내야 합니다.

발음 071

[g] = ㄱ

SPELLING -g / -gg

받침소리 [g]는 첫 자음 소리일 때와 마찬가지로 [ㄱ] 소리가 납니다. 이때 gag[개그]처럼 끝에 [그] 소리를 내면 안 됩니다. [객] 또는 [개ㄱ]처럼 '으' 소리를 넣지 말고 발음해 주세요.

 읽기

영어 철자	[영어 발음]	한글 발음

gag
[gæg]
개그, 익살

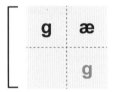

ㄱ	ㅐ
	ㄱ

pig
[pɪg]
돼지

p	i
	g

p	ɪ
	g

ㅍ	ㅣ
	ㄱ

egg
[eg]
알, 달걀

	e
	gg

	e
	g

ㅇ	ㅔ
	ㄱ

 연습

영어 철자	[영어 발음]	한글 발음

leg
[leg]
다리

l	e
	g

l	e

ㄹ	ㅔ

발음 072

[n] = ㄴ

SPELLING -n / -ne

받침소리 [n]은 [ㄴ] 소리가 납니다. 한국어 'ㄴ'보다 콧소리를 충분히 내서 발음해 주세요. pen은 [펜]보다는 [페은]처럼요. 코를 막고 pen을 발음했을 때 콧속이 울리면서 코맹맹이 소리가 나야 정상입니다.

 읽기

영어 철자	[영어 발음]	한글 발음

run
[rʌn]
달리다

r	u		r	ʌ		루	ㅓ
	n			n			ㄴ

pen
[pen]
펜

p	e		p	e		ㅍ	ㅔ
	n			n			ㄴ

cane
[keɪn]
지팡이

c	a		k	eɪ		ㅋ	ㅔ이
	ne			n			ㄴ

연습

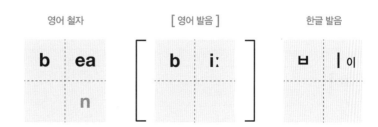

영어 철자	[영어 발음]	한글 발음

bean
[biːn]
콩

b	ea		b	iː		ㅂ	ㅣ이
	n			n			

발음 073

[d] = ㄷ

SPELLING **-d / -dd / -de**

받침소리 [d]는 첫 자음 소리일 때와 마찬가지로 [ㄷ] 소리가 납니다. [드]라고 소리 내지 않도록 주의하세요. add는 [애드]가 아니라 [앤] 또는 [애ㄷ]처럼 1음절로 한 번에 소리 내야 합니다.

	영어 철자	[영어 발음]	한글 발음

food
[fuːd]
음식

f	oo		f	uː		ㅍ^f	ㅜ우
	d			d			ㄷ

add
[æd]
더하다, 추가하다

a				æ		ㅇ	ㅐ
dd				d			ㄷ

code
[koʊd]
코드, 부호

c	o		k	oʊ		ㅋ	ㅗ우
de				d			ㄷ

	영어 철자	[영어 발음]	한글 발음

kid
[kɪd]
아이

 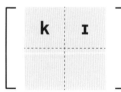

k	i		k	ɪ		ㅋ	ㅣ
	d						

[l] = 을

SPELLING -l / -ll / -le

첫 자음 [l]은 혀를 튕기는 [ㄹ] 소리지만, 받침소리 [l]은 혀를 앞니 뒤에 대고 [을] 소리를 냅니다. 분명한 [을] 소리보다는 가글을 할 때 목 속에서 나는 '으ㄹㄹㄹ' 소리에 가깝죠. 목 뒤에서 [을] 소리를 내기 힘드니까 힘을 빼고 [으]처럼 발음하기도 합니다. meal은 [밀]이 아니라 [미을] 또는 [미으]!

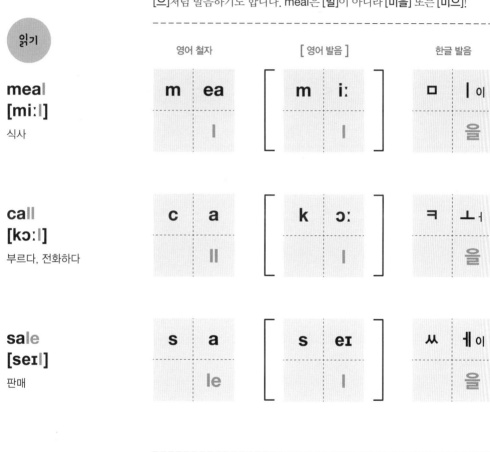

읽기

meal
[miːl]
식사

영어 철자	[영어 발음]	한글 발음
m / ea / l	m / iː / l	ㅁ / ㅣ이 / 을

call
[kɔːl]
부르다, 전화하다

| c / a / ll | k / ɔː / l | ㅋ / ㅗ / 을 |

sale
[seɪl]
판매

| s / a / le | s / eɪ / l | ㅆ / ㅔ이 / 을 |

연습

영어 철자	[영어 발음]	한글 발음

feel
[fiːl]
느끼다

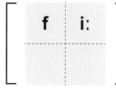

| f / ee / l | f / iː / l | ㅍ^f / ㅣ이 |

발음 075

[m] = ㅁ

SPELLING -m / -me

받침소리 [m]은 [ㅁ] 소리가 납니다. 단, 콧소리 [음]이 살짝 들어가도록 소리
내세요. some은 [썸]이 아니라 [써음]처럼요.

읽기

영어 철자	[영어 발음]	한글 발음

some
[sʌm]
조금의, 몇몇의

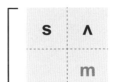

team
[tiːm]
팀

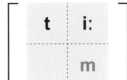

home
[houm]
집, 가정

연습

영어 철자	[영어 발음]	한글 발음

gym
[dʒɪm]
체육관

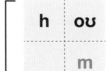

발음 TIP!

인칭대명사는 모두 1음절이다!

영어에서 I, you, we처럼 사람을 가리키는 인칭대명사의 음절 수는 모두 하나입니다. 자주 쓰는 말이니까 귀찮게 여러 음절로 말하지 않는 거라고 볼 수 있죠.

주격 인칭대명사 you, she, he, we는 단모음이 들어간 단어라 쉽게 1음절로 발음할 수 있지만, 이중모음이 들어간 I와 they는 자칫 2음절로 잘못 발음할 수 있으니 주의하세요. I love you는 [아이 러브 유]가 아니라 [아 럽 유]입니다.

소유격 인칭대명사에도 이중모음이 들어 있어서 헷갈리는 경우가 많지만 my, your, her, his, our, their 모두 1음절 단어들입니다. 그래서 영어 팝송을 듣다 보면 my가 [마]로 your는 [여]처럼 짧게 한 단어처럼 들립니다. 특히 our은 [아워]나 [아우어r]가 아니라 1음절 [아r]처럼 들리죠. their 역시 1음절 [데r]처럼 들리고요.

목적격 인칭대명사는 us만 빼면 me, you 모두 한국어로도 1음절이라 쉽게 발음할 수 있습니다. us만 [어스]라고 2음절로 발음하지 않게 주의하세요.

재미있는 건 '주어 + be동사'도 줄여서 간단하게 1음절로 발음한다는 사실입니다. 예를 들어 I am은 I'm[암]으로, you are는 you're[여]처럼 1음절로 줄여 말하죠. 한국어에서 '나는'을 '난'으로, '너는'을 '넌'으로 음절 수를 줄여 말하는 것과 마찬가지입니다. we're, they're의 경우도 1음절이므로 [위아r], [데이아r]처럼 2음절로 읽지 않게 주의하세요. we're는 [위r] 또는 [워r]처럼 발음하는데, 원어민 발음을 들어 보면 r 소리가 잘 안 들려서 [위] 또는 [워]처럼 들리기도 합니다. they're 역시 3음절 [데이아r]가 아니라 1음절 [데r]로 들리죠.

발음 076

■ **주격**

I [aɪ] 나는   you [juː] 너는   we [wiː] 우리는

he [hiː] 그는   she [ʃiː] 그녀는   they [ðeɪ] 그들은

■ **소유격**

my [maɪ] 나의   your [jər] 너의   our [aʊr] 우리의

his [hɪz] 그의   her [hɜːr] 그녀의   their [ðer] 그들의

■ **목적격**

me [miː] 나를   you [juː] 너를   us [ʌs] 우리를

him [hɪm] 그를   her [hɜːr] 그녀를   them [ðem] 그들을

■ **주어 + be동사**

I'm [aɪm]   you're [jər]   we're [wɪr]

he's [hiːz]   she's [ʃiːz]   they're [ðer]

발음 077

[b] = ㅂ

SPELLING -b / -be

Bob에서 보듯 받침소리 [b]는 [ㅂ] 소리가 납니다. 다만 [밥]처럼 입술을 앙다물면 안 되고, 입술을 살짝 열고 [ㅂ] 발음을 해줘야 합니다. [바ㅂ]처럼요. 물론 [바브]처럼 '으' 소리를 넣으면 안 됩니다. 살짝 느낌만 내 주세요.

영어 철자	[영어 발음]	한글 발음

Bob
[bɑːb]
밥 (남자 이름)

B	o		b	ɑː		ㅂ	ㅏ 아
	b			b			ㅂ

cub
[kʌb]
(곰, 사자의) 새끼

c	u		k	ʌ		ㅋ	ㅓ
	b			b			ㅂ

tube
[tuːb]
관, 튜브

t	u		t	uː		ㅌ	ㅜ우
	be			b			ㅂ

영어 철자	[영어 발음]	한글 발음

rob
[rɑːb]
도둑질하다, 강탈하다

 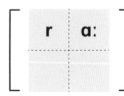

r	o		r	ɑː		루	ㅏ 아
	b						

발음 078

$[v] = ㅂ^v$

SPELLING **-ve**

[v]가 받침소리일 때는 철자가 거의 -ve 형태입니다. 첫 자음 [v] 소리와 마찬가지로 아랫입술을 윗니로 살짝 깨물고 떨리는 [ㅂˇ] 발음을 해 주세요. 이때 [러브]처럼 끝소리를 [브]라고 내지 않게 주의하세요.

	영어 철자	[영어 발음]	한글 발음
love [lʌv] 사랑, 사랑하다	l o / ve	l ʌ / v	ㄹ ㅓ / ㅂˇ
give [gɪv] 주다	g i / ve	g ɪ / v	ㄱ ㅣ / ㅂˇ
five [faɪv] 5, 다섯	f i / ve	f aɪ / v	ㅍf ㅏ이 / ㅂˇ

	영어 철자	[영어 발음]	한글 발음
have [hæv] 가지고 있다	h a / ve	h æ /	ㅎ ㅐ /

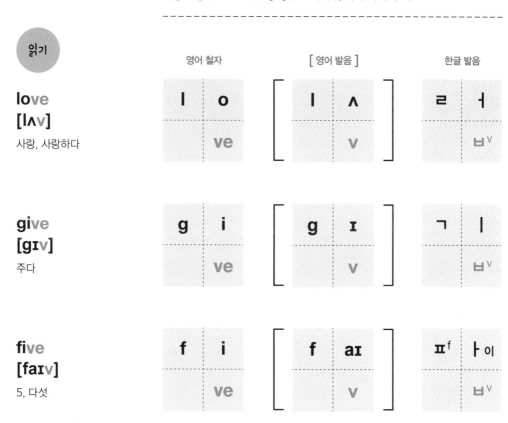

발음 079

[s] = ㅅ

SPELLING -s / -ss / -se / -ce

받침소리 [s]는 [스]처럼 발음하지 말고 [ㅅ] 하고 바람 새는 소리만 내 주세요. 아래 블록에서 bus의 한글 발음은 [벗]일 것 같지만, 실제 발음은 끝에 바람 소리만 들어갑니다. bus는 [버스]도 [벗]도 아닌 [버ㅅ]입니다.

영어 철자	[영어 발음]	한글 발음

bus
[bʌs]
버스

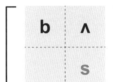

miss
[mɪs]
놓치다, 그리워하다

ice
[aɪs]
얼음

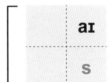

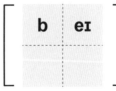

영어 철자	[영어 발음]	한글 발음

base
[beɪs]
밑바닥, 기초

발음 080

[ŋ] = ㅇ

SPELLING **-ng**

sing[씽]처럼 -ng는 한국어의 ㅇ 받침처럼 발음합니다. 발음기호로는 [ŋ]이라고 표기하는데, 첫 소리로는 못 오고 받침으로만 올 수 있는 소리입니다. 우리말의 ㅇ 받침에 비해 살짝 콧소리를 넣어서 [응] 하고 발음해 주세요.

읽기

영어 철자 | [영어 발음] | 한글 발음

sing
[sɪŋ]
노래하다

| s | i | | s | ɪ | | ㅆ | ㅣ |
| | ng | | | ŋ | | | ㅇ |

strong
[strɔːŋ]
강한

| str | o | | str | ɔː | | ㅅ트루 | ㅗㅓ |
| | ng | | | ŋ | | | ㅇ |

hang
[hæŋ]
걸다, 매달다

| h | a | | h | æ | | ㅎ | ㅐ |
| | ng | | | ŋ | | | ㅇ |

연습

영어 철자 | [영어 발음] | 한글 발음

song
[sɔːŋ]
노래

| s | o | | s | ɔː | | ㅆ | ㅗㅓ |
| | ng | | | | | | |

발음 081

[z] = ㅈ^z

SPELLING -s / -se / -ze / -zz

[z] 소리가 받침으로 올 때는 [즈]처럼 발음하지 말고 [ㅈ^z] 하고 성대가 떨리는 소리를 내 주세요. 철자 z뿐만 아니라 s도 받침으로 올 때는 [z] 소리를 내는 경우가 있습니다. cheese는 [치즈]가 아니라 [츄이ㅈ^z]!

읽기

	영어 철자	[영어 발음]	한글 발음

cheese
[tʃiːz]
치즈

| ch | ee | | tʃ | iː | | 츄 | ㅣ이 |
| | se | | | z | | | ㅈ^z |

his
[hɪz]
그의, 그의 것

| h | i | | h | ɪ | | ㅎ | ㅣ |
| | s | | | z | | | ㅈ^z |

jazz
[dʒæz]
재즈

| j | a | | dʒ | æ | | 쮸 | ㅐ |
| | zz | | | z | | | ㅈ^z |

연습

	영어 철자	[영어 발음]	한글 발음

maze
[meɪz]
미로

| m | a | | m | eɪ | | ㅁ | ㅔ이 |
| | ze | | | | | | |

[ts] = ㅊ

SPELLING -ts

발음 082

받침소리 [ts]는 한국어의 [ㅊ] 소리와 비슷합니다. [ㅌㅅ]를 합쳐서 발음해 마치 심벌즈가 [ㅊ] 하고 울리는 소리와 비슷하게 내면 되죠. 그렇다고 해서 [츠]라고 '으' 소리를 넣지는 마세요.

읽기

영어 철자	[영어 발음]	한글 발음

its
[ɪts]
그것의

| i | ɪ | ㅇ ㅣ |
| ts | ts | ㅊ |

sits
[sɪts]
sit(앉다)의 3인칭 단수형

| s i | s ɪ | ㅆ ㅣ |
| ts | ts | ㅊ |

cats
[kæts]
고양이들
(cat의 복수형)

| c a | k æ | ㅋ ㅐ |
| ts | ts | ㅊ |

연습

영어 철자	[영어 발음]	한글 발음

let's
[lets]
~합시다

| l e | l e | ㄹ ㅔ |
| t's | | |

발음 083

[k] = ㅋ

SPELLING **-ke / -ck**

단어 끝에 오는 -ke와 -ck는 모두 [k] 소리가 나는데, 받침소리 [k]는 'ㅋㅋ ㅋ' 하고 웃는 소리를 낼 때처럼 끝에 살짝 [ㅋ] 발음을 넣어 주세요. [크]라고 소리 내면 안 됩니다. cake은 [케이크]가 아니라 [케이ㅋ]!

 읽기

영어 철자		[영어 발음]		한글 발음	

pick
[pɪk]
고르다, 선택하다

p	i	p	ɪ	ㅍ	ㅣ
	ck		k		ㅋ

back
[bæk]
뒤쪽, 뒤로

b	a	b	æ	ㅂ	ㅐ
	ck		k		ㅋ

cake
[keɪk]
케이크

c	a	k	eɪ	ㅋ	ㅔ이
	ke		k		ㅋ

 연습

영어 철자		[영어 발음]		한글 발음	

bike
[baɪk]
자전거

b	i	b	aɪ	ㅂ	ㅏ이
	ke				

발음 084

[t] = ㅌ

SPELLING -t / -te / -ght

[t] 소리가 받침으로 오면 끝에 [ㅌ] 소리가 납니다. 그래서 bat은 [배트]가 아니라 [배ㅌ]가 되죠. 참고로 light처럼 -ght로 끝나는 경우에도 gh가 묵음이 되어 [t] 소리만 납니다.

읽기

	영어 철자	[영어 발음]	한글 발음

bat
[bæt]
박쥐

b	a		b	æ		ㅂ	ㅐ
	t			t			ㅌ

mate
[meɪt]
친구, 짝

m	a		m	eɪ		ㅁ	ㅔ이
	te			t			ㅌ

light
[laɪt]
빛, 가벼운

l	i		l	aɪ		ㄹ	ㅏ이
	ght			t			ㅌ

연습

	영어 철자	[영어 발음]	한글 발음

coat
[koʊt]
코트

c	oa		k	oʊ		ㅋ	ㅗ우
	t						

발음 085

[p] = ㅍ

SPELLING -p / -pe

받침소리 [p]는 [ㅍ] 소리가 납니다. cape은 [케이프]가 아니라 [케이ㅍ]처럼 끝에 [ㅍ] 소리를 살짝 내 주세요.

 읽기

	영어 철자	[영어 발음]	한글 발음

trap
[træp]
덫

tr	a	tr	æ	ㅌ루	ㅐ
	p		p		ㅍ

soap
[soʊp]
비누

s	oa	s	oʊ	ㅆ	ㅗ우
	p		p		ㅍ

cape
[keɪp]
곶, 갑

c	a	k	eɪ	ㅋ	ㅔ이
	pe		p		ㅍ

 연습

	영어 철자	[영어 발음]	한글 발음

rope
[roʊp]
밧줄, 로프

r	o	r	oʊ	루	ㅗ우
	pe				

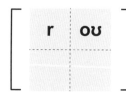

발음 086

$[f] = ㅍ^f$

SPELLING **-f / -ff / -fe / -gh**

받침소리 [f]는 단소를 부는 것처럼 윗니로 아랫입술을 살짝 깨물고, 바람소리를 내 보세요. 그냥 [ㅍ] 발음과는 차이가 있으므로 [ㅍ]라고 잘못 발음하지 않도록 주의하세요.

영어 철자	[영어 발음]	한글 발음

chief
[tʃiːf]
주된, 단체장

ch	ie		tʃ	iː		츄	ㅣ이
	f			f			ㅍ^f

off
[ɔːf]
떨어져, 벗어나

	o			ɔː		ㅇ	ㅗㅓ
	ff			f⁻			ㅍ^f

life
[laɪf]
인생, 생명

l	i		l	aɪ		ㄹ	ㅏ이
	fe			f			ㅍ^f

영어 철자	[영어 발음]	한글 발음

tough
[tʌf]
힘든, 어려운

 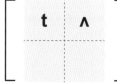

t	ou		t	ʌ		ㅌ	ㅓ
	gh						

발음 087

[ʃ] = 쉬

SPELLING -sh

받침소리 [ʃ]는 '슈'와 '쉬' 같은 바람 소리입니다. 억지로 '위' 발음을 내지 말고, 조용히 하라고 '쉬~' 할 때처럼 바람 소리만 내 주세요. 우리는 cash를 '캐쉬'라고 읽지만, 실제로는 [ʃ]를 받침으로 해서 1음절로 읽어야 합니다.

 읽기

	영어 철자	[영어 발음]	한글 발음

cash
[kæʃ]
현금

dish
[dɪʃ]
접시, 그릇

push
[pʊʃ]
밀다

연습

	영어 철자	[영어 발음]	한글 발음

fish
[fɪʃ]
물고기, 생선

발음 088

[ʒ] = 쥐

SPELLING -ge

[ʒ]는 받침으로 오면 [쥐] 소리가 납니다. 끝의 받침으로는 잘 나오지 않는 소리인데, 대개는 television[ˈteləvɪʒən: 텔러비쥬언]처럼 2음절 이상의 단어에서 [쥬] 소리로 사용됩니다.

읽기

	영어 철자		[영어 발음]		한글 발음

beige
[beiʒ]
베이지색

b	ei	[	b	ei	]	ㅂ	ㅔ이
	ge			ʒ			쥐

luge
[luːʒ]
루지 (썰매의 일종)

l	u	[	l	uː	]	ㄹ	ㅜ우
	ge			ʒ			쥐

발음 TIP!

2음절 이상 단어의 [ʒ] 소리

[ʒ] 소리는 1음절 단어에서는 거의 보기 힘든 소리입니다. 주로 2음절 이상의 단어에서 중간 소리나 끝 소리로 나오죠. 단어 중간에 있는 [ʒ] 소리는 [쥬]와 비슷합니다. 예를 들어 vision의 발음기호는 [vɪʒən]인데, -sion이 [ʒən: 쥬언]처럼 소리 나죠. 또한 -ge로 끝나는 단어는 주로 [dʒ]로 소리 나지만 [ʒ]로 소리 나는 경우도 있습니다. 같은 철자라도 단어에 따라 발음이 다를 수 있으니 주의하세요.

■ [ʒ] 소리가 들어 있는 2음절 이상 단어

decision [dɪˈsɪʒən] 결정　　　　　 television [ˈteləvɪʒən] 텔레비전
massage [məˈsɑːʒ] 마사지, 안마　　 prestige [preˈstiʒ] 명성, 위신

발음 089

[dʒ] = 쮜

SPELLING -ge / -dge

받침소리 [dʒ]는 [쮜] 소리가 나는데, [ʒ: 쥐] 앞에 [d]의 '은' 발음을 살짝 해주기 때문에 [(은)쮜] 소리에 가깝습니다. page는 3음절 '페이지'가 아니라, 이중모음 [eɪ]와 받침 [dʒ]가 들어간 1음절 단어입니다.

읽기

| | 영어 철자 | [영어 발음] | 한글 발음 |

page
[peɪdʒ]
페이지, 쪽

| p | a | | p | eɪ | | ㅍ | ㅔ이 |
| | ge | | | dʒ | | | 쮜 |

badge
[bædʒ]
배지, 명찰

| b | a | | b | æ | | ㅂ | ㅐ |
| | dge | | | dʒ | | | 쮜 |

edge
[edʒ]
가장자리

| | e | | | e | | ㅇ | ㅔ |
| | dge | | | dʒ | | | 쮜 |

연습

| | 영어 철자 | [영어 발음] | 한글 발음 |

cage
[keɪdʒ]
새장, 우리

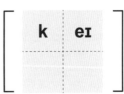

| c | a | | k | eɪ | | ㅋ | ㅔ이 |
| | ge | | | | | | |

발음 090

[tʃ] = 취

SPELLING -ch / -tch

[tʃ]는 받침으로 오면 [취] 소리가 납니다. 억지로 '위' 발음을 내지 말고, '에취!' 하고 재채기할 때처럼 목이 울리지 않는 바람 소리를 내세요. rich는 [tʃ]가 받침소리인 1음절 단어로, 2음절로 [리취]라고 읽지 않게 주의하세요.

읽기

	영어 철자	[영어 발음]	한글 발음

rich
[rɪtʃ]
부자의, 부유한

r	i	r	ɪ	루	ㅣ
	ch		tʃ		취

touch
[tʌtʃ]
만지다

t	ou	t	ʌ	ㅌ	ㅓ
	ch		tʃ		취

catch
[kætʃ]
잡다

c	a	k	æ	ㅋ	ㅐ
	tch		tʃ		취

연습

	영어 철자	[영어 발음]	한글 발음

beach
[biːtʃ]
해변

b	ea	b	iː	ㅂ	ㅣ이
	ch				

발음 091

[θ] = ㄸ θ

SPELLING -th

받침소리 [θ]는 혀끝을 아랫니와 윗니 사이에 끼우고 공기를 내보내며 소리
냅니다. 흔히 [쓰]로 발음하기 쉽지만, '으' 소리가 없는 받침소리로 발음해
주세요. bath는 [배쓰]가 아니라 [배ㄸθ]!

읽기

bath
[bæθ]
목욕

youth
[ju:θ]
젊음

truth
[tru:θ]
진실, 사실

영어 철자   [영어 발음]   한글 발음

연습

영어 철자   [영어 발음]   한글 발음

path
[pæθ]
길

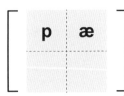

발음 092

[ð] = ㄷᵈ

SPELLING -th / -the

받침소리 [ð]는 혀끝을 이 사이에 끼우고 목을 울리면서 [드] 하고 발음합니다. 그냥 [드]로 발음하기 쉽지만, '으' 소리가 없는 받침소리로 발음해야 합니다. with는 [위드]가 아니라 [위ㄷᵈ]!

읽기

	영어 철자	[영어 발음]	한글 발음

smooth
[smuːð]
매끄러운, 부드러운

sm	oo	[sm	uː]	ㅅㅁ	ㅜ우
	th		ð		ㄷᵈ

with
[wɪð]
~와 함께

w	i	[w	ɪ]	우	ㅣ
	th		ð		ㄷᵈ

clothe
[kloʊð]
옷을 입히다

cl	o	[kl	oʊ]	클	ㅗ우
	the		ð		ㄷᵈ

연습

	영어 철자	[영어 발음]	한글 발음

breathe
[briːð]
숨 쉬다

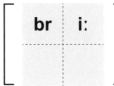

br	ea	[br	iː]	브루	ㅣ이
	the				

발음 093

[r] = r

SPELLING **-r / -re**

받침소리 [r]는 한글로는 표기하기 어려운 소리라 r로 표시했습니다. 강아지가 '아르르', '어르르' 하는 것처럼, 혀를 뒤로 말고 으르렁거리는 소리입니다. 앞에 오는 모음에 따라 [아r], [어r], [오ㅓr]처럼 발음하죠. 참고로 영국식 영어에서는 [r] 받침소리를 내지 않아서 car는 [카아]처럼 발음합니다.

읽기

영어 철자	[영어 발음]	한글 발음

car
[kɑ:r]
자동차

c	a		k	ɑ:		ㅋ	ㅏ아
	r			r			r

more
[mɔ:r]
더 많은

m	o		m	ɔ:		ㅁ	ㅗㅓ
	re			r			r

stir
[stɜ:r]
젓다, 휘젓다

st	i		st	ɜ:		ㅅㅌ	ㅓ어
	r			r			r

연습

영어 철자	[영어 발음]	한글 발음

four
[fɔ:r]
4, 넷

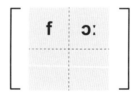

발음 TIP!

이중모음이 되는 받침소리 [r]

받침소리 [r]는 이중모음이 되기도 합니다. '아르르', '어르르' 소리의 [r] 발음 속에 모음 [어]
소리가 있어서 다른 모음과 함께 이중모음처럼 소리가 나는 거죠. 그러다 보니 여러 음절로
착각하기 쉽습니다. 예를 들어 hair 같은 경우, [헤+어r]가 되어 2음절처럼 들리지만 1음절입
니다. 이렇게 받침소리 [r]가 모음과 같이 붙어서 여러 음절처럼 소리가 나는 경우로는 [er: 에
어r], [ɪr: 이어r], [ʊr: 우어r], [aɪr: 아이어r], [aʊr: 아우어r] 등이 있습니다.

발음기호에서는 사전 표기에 따라 다른데, 미국식 영어 사전에서는 그냥 [r]로 쓰기도 하고 영
국식 영어 사전에서는 [ər]로 쓰기도 합니다. hair의 경우 [her] 또는 [heər]로 표기하고 있죠.
여기서는 [ə] 없이 그냥 [r]로 표시하겠습니다.

발음 094

■ [er] 에어r
   hair [her] 머리카락   chair [tʃer] 의자

■ [ɪr] 이어r
   tear [tɪr] 눈물   hear [hɪr] 듣다

■ [ʊr] 우어r
   tour [tʊr] 여행, 관광   lure [lʊr] 미끼

■ [aɪr] 아이어r
   hire [haɪr] 고용하다   fire [faɪr] 불

■ [aʊr] 아우어r
   sour [saʊr] (맛이) 신   our [aʊr] 우리의

헤 + 어r

발음 095

받침 자음으로 나오는 발음기호는 대부분 Part 2에서 배운 첫 자음 소리와 같습니다. 여기에 받침소리로만 쓰는 [ŋ] 소리가 추가되었습니다. 대신 [h] 는 첫 자음 소리로만 오고 받침으로는 오지 않는 소리입니다.

영어 발음	[g]	[n]	[d]	[l]*	[m]	[b]
한글 발음	ㄱ	ㄴ	ㄷ	을	ㅁ	ㅂ
대표 철자	-g / -gg	-n / -ne	-d / -dd -de	-l / -ll -le	-m / -me	-b / -be

영어 발음	[v]	[s]	[ŋ]	[z]	[ts]	[k]
한글 발음	ㅂ^v	ㅅ	ㅇ	ㅈ^z	ㅊ	ㅋ
대표 철자	-ve	-s / -ss -se / -ce	-ng	-s / -se -ze / -zz	-ts	-ke / -ck

영어 발음	[t]	[p]	[f]	[ʃ]	[ʒ]
한글 발음	ㅌ	ㅍ	ㅍ^f	쉬	쥐
대표 철자	-t / -te -ght	-p / -pe	-f / -ff -fe / -gh	-sh	-ge

영어 발음	[dʒ]	[tʃ]	[θ]	[ð]	[r]**
한글 발음	쮜	취	ㄸ^θ	ㄷ^ð	r
대표 철자	-ge -dge	-ch -tch	-th	-th -the	-r -re

* 받침소리 [l]은 첫 자음으로 올 때와 달리 [ㄹ]로 소리 나지 않고 [을]로 소리 납니다.

** 받침소리 [r]는 첫 자음으로 올 때처럼 [루]로 소리 나는 것이 아니라, [어r] 또는 [아r]처럼 혀를 뒤로 말아
서 내는 소리입니다.

빈칸을 채운 다음, 단어의 발음을 연습해 봅시다.

발음 096

	영어 철자	[영어 발음]	한글 발음

1 hit
[hɪt]
때리다, 치다

h	i		h	ɪ		ㅎ	ㅣ
	t						

2 wash
[wɑːʃ]
씻다

w	a		w	ɑː		우	ㅏ아
	sh						

3 fall
[fɔːl]
떨어지다

f	a		f	ɔː		ㅍf	ㅗㅓ
	ll						

4 rain
[reɪn]
비, 비가 오다

r	ai		r	eɪ		루	ㅔ이
	n						

5 loud
[laʊd]
(소리가) 큰

l	ou		l	aʊ		ㄹ	ㅏ우
	d						

정답은 228페이지

	영어 철자		[영어 발음]		한글 발음	

6 **wro**ng
[rɔːŋ]
틀린, 잘못된

wr	o	r	ɔː	루	ㅗㅓ
	ng				

7 **ne**ck
[nek]
목

n	e	n	e	ㄴ	ㅔ
	ck				

8 **li**ve
[lɪv]
살다, 거주하다

l	i	l	ɪ	ㄹ	ㅣ
	ve				

9 **jui**ce
[dʒuːs]
주스

j	ui	dʒ	uː	쮸	ㅜ우
	ce				

10 **tea**ch
[tiːtʃ]
가르치다

t	ea	t	iː	ㅌ	ㅣ이
	ch				

CHAP

이중 받침

: 두 개의 받침소리를
하나로 발음하자!

TER4

[이중 받침이란?]

'이중 받침'이란 -nt, -mp, -lk처럼 단어 끝에 두 개의 자음이 연속해서 오는 것을 말합니다. 한국어 음절과 영어 음절이 달라지는 이유 중 하나가 바로 이 이중 받침 때문이죠. 때로는 단어 끝에 세 개의 자음이 연속해서 오는 경우도 있는데, 그럴 때는 영어의 음절 수가 더 헷갈리게 됩니다.

예를 하나 들어 보겠습니다. 한국에서는 '맥도날드'라고 부르는 McDonald's를 일본에서는 '마구도나루도'라고 부른다고 앞에서 이야기했는데요, 그렇다면 영어로 McDonald's는 [맥/도/날/드]처럼 4음절로 발음하면 될까요? 사실 McDonald's는 [Mc] [Don] [ald's]로 나눠서 발음하는 3음절 단어입니다.

일본어 (6음절)	마	구	도	나	루	도
한국어 (4음절)	맥	도	날	드		
영어 (3음절)	Mc	Don	ald's			

Mcdonald's의 발음을 굳이 한글로 써 본다면 [먹/단/얼ㅈ] 정도가 비슷한 3음절 발음입니다. 영어에는 '으' 발음이 없기 때문에 ald's[əldz]는 [얼즈]라는 2음절이 아니고 [얼ㅈ]라는 1음절로 읽어야 하죠.

두 개의 받침을 하나로 발음한다

한글에도 받침이 두 개 있는 겹받침이 있습니다. 우리말을 살펴보면 '닭', '앎', '않', '앉'처럼 ㄺ, ㄻ, ㄶ, ㄵ 같은 받침이 두 개 있는 글자를 많이 볼 수 있죠.

닭   앎   않   앉

하지만 한국어에서는 두 개의 받침 중 대표음 하나만 발음하는 게 원칙입니다. 예를 들어 '닭'은 [닥]으로, '않'은 [안]으로 받침소리 하나만 발음합니다.

닭 ➡ [닥]   않 ➡ [안]

반면에 영어에서는 nt, lf, lk 같은 두 개의 받침 자음을 모두 발음하는 것이 일반적입니다. 이때 중요한 것은 한 음절로 발음해야 한다는 것입니다. 두 개의 받침을 '으' 소리를 내지 않고 하나의 소리로 발음하는 것이 한 음절로 소리 낼 수 있는 방법이죠.

	✕	○
tent [tent]	텐 트	텐ㅌ
self [self]	쎌 프	쎌ㅍf
milk [mɪlk]	밀 크	밀ㅋ

[앞 받침은 세게, 뒷받침은 살짝]

이중자음과는 다르게, 이중 받침에서는 모음과 가까운 앞의 받침소리는 세게, 뒤의 받침소리는 좀 약하게 발음합니다. 그래서 tent에서 이중 받침 -nt의 t 소리, camp에서 이중 받침 -mp의 p 소리는 잘 들리지 않죠.

	×		○
tent [tent]	텐	트	텐ㅌ
camp [kæmp]	캠	프	캠ㅍ

예외적으로, -lt, -lp, -lf처럼 이중 받침 앞에 있는 l의 [을] 소리는 혀를 굴리기 힘들다 보니 좀 약하게 발음하는 경우가 많습니다. 그러다 보니 원어민 발음을 들어 보면 [을]보다는 마치 [으]나 [어]처럼 약하게 들릴 때가 있습니다. milk는 [밀크]가 아니라 [미윽]이나 [미억]처럼 들리는 것이죠. help도 역시 [헬프]처럼 [을] 받침소리를 분명하게 발음하지 않고, 받침소리를 죽여서 [으]나 [어]처럼 발음합니다. 그래서 [헤윰]이나 [헤엎]처럼 들리죠.

	×		○
milk [mɪlk]	밀	크	미ㅇ
help [help]	헬	프	헤ㅇ

[이중 받침 블록 표기법]

블록에 이중 받침을 표기할 때는 아래 칸에 받침을 각각 하나씩 넣어 줍니다.
예를 들어 단어 tent(텐트)의 경우, 받침 n과 t를 각각 아래에 써 줍니다.

이때 중요한 것은 [텐/ㅌ]라고 2음절로 발음하는 것이 아니라 한 블록 안에 글
자를 모두 써서 1음절로 발음해야 한다는 점입니다.

이와 같이 영어에서 받침 자음이 두 개 이상인 단어는 매우 많습니다. lend
[lend], lamp[læmp], think[θɪŋk] 모두 이중 받침 단어입니다. 한글 발음을
블록으로 표기하면 각각 아래와 같습니다. 모두 한 블록에 들어가므로 1음절
로 읽어야지, [렌드], [램프], [띵크] 이렇게 2음절로 읽으면 안 됩니다.

발음 097

[sk/sp/st] SPELLING -sk / -sp / -st, -ste

받침소리 [sk]는 [ㅅㅋ], [sp]는 [ㅅㅍ], [st]는 [ㅅㅌ]로 발음합니다. '으' 소리
를 넣어 [스크], [스프], [스트]라고 강하게 발음하면 안 되니까 주의하세요.

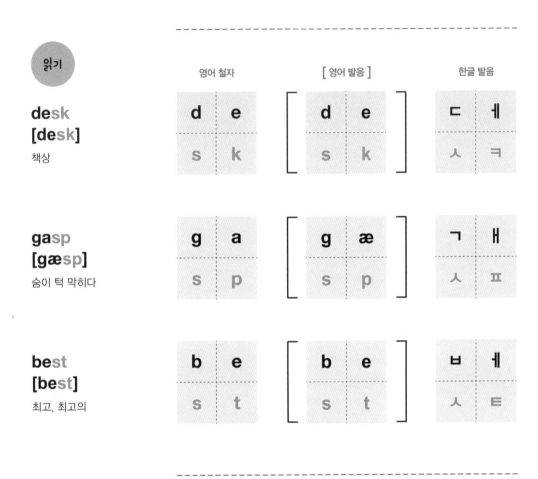

읽기

desk
[desk]
책상

gasp
[gæsp]
숨이 턱 막히다

best
[best]
최고, 최고의

영어 철자	[영어 발음]	한글 발음
d e / s k	d e / s k	ㄷ ㅔ / ㅅ ㅋ
g a / s p	g æ / s p	ㄱ ㅐ / ㅅ ㅍ
b e / s t	b e / s t	ㅂ ㅔ / ㅅ ㅌ

연습

mask
[mæsk]
마스크, 가면

영어 철자	[영어 발음]	한글 발음
m a / s k	m æ /	ㅁ ㅐ /

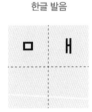

[ld / lf / lk]

SPELLING -ld / -lf / -lk

받침소리 [ld]는 [을ㄷ], [lf]는 [을ㅍ^f], [lk]는 [을ㅋ]로 발음합니다. 그런데 [l]과 다른 받침소리를 한 번에 발음하기 힘드니까 [을] 대신 그냥 [으]처럼 발음하는 경우도 많습니다. 그래서 milk를 [밀크] 대신 [미윽]처럼도 발음하죠.

 읽기

영어 철자	[영어 발음]	한글 발음

gold
[gould]
금

g	o		g	oʊ		ㄱ	ㅗ우
l	d		l	d		을	ㄷ

golf
[gɔːlf]
골프

g	o		g	ɔː		ㄱ	ㅗㅓ
l	f		l	f		을	ㅍ^f

milk
[mɪlk]
우유

m	i		m	ɪ		ㅁ	ㅣ
l	k		l	k		을	ㅋ

 연습

영어 철자	[영어 발음]	한글 발음

self
[self]
자기, 자신

s	e		s	e		ㅆ	ㅔ
l	f		l	f			

발음 099

[lp / lt]

SPELLING **-lp / -lt**

받침소리 [lp]는 [을ㅍ], [lt]는 [을ㅌ]로 발음합니다. 이것도 [l]과 뒤의 받침소리를 한 번에 발음하기 힘드니까 [을] 대신 그냥 [으]로 발음하는 경우가 많아요. 예를 들어 help를 [헬프]가 아니라 [헤읖]처럼 발음하죠.

읽기

영어 철자 　　[영어 발음]　　한글 발음

help
[help]
도움, 도와주다

 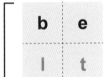

ㅎ ㅔ
을 ㅍ

belt
[belt]
허리띠, 벨트

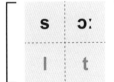

ㅂ ㅔ
을 ㅌ

salt
[sɔːlt]
소금

ㅆ ㅗ
을 ㅌ

연습

영어 철자 　　[영어 발음]　　한글 발음

melt
[melt]
녹다, 녹이다

 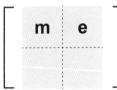

ㅁ ㅔ

발음 100

[nd/nt]

SPELLING -nd / -nt

[nd]는 [ㄴ ㄷ], [nt]는 [ㄴ ㅌ]로 소리 나는데, [n]은 콧소리 [은]을 넣어서 발음하세요. [핸드]보다는 [해(은)ㄷ]처럼요. [n] 뒤의 [d]나 [t] 소리는 거의 안 들려서, you and me도 [유 앤드 미]가 아니라 [유 앤 미]처럼 발음하죠.

 읽기

	영어 철자	[영어 발음]	한글 발음

hand
[hænd]
손

h	a		h	æ		ㅎ	ㅐ
n	d		n	d		ㄴ	ㄷ

send
[send]
보내다

s	e		s	e		ㅆ	ㅔ
n	d		n	d		ㄴ	ㄷ

can't
[kænt]
할 수 없다

c	a		k	æ		ㅋ	ㅐ
n'	t		n	t		ㄴ	ㅌ

 연습

	영어 철자	[영어 발음]	한글 발음

tent
[tent]
텐트, 천막

t	e		t	e		ㅌ	ㅔ
n	t						

발음 101

[ŋk]

SPELLING -nk

특이하게도 철자 -nk에서는 n이 [n: ㄴ] 소리가 아닌 [ŋ: ㅇ] 소리가 납니다. 그래서 [ŋk: ㅇㅋ]로 발음하죠. pink는 [핀ㅋ]가 아니라 [핑ㅋ]입니다.

읽기

	영어 철자	[영어 발음]	한글 발음

ink
[ɪŋk]
잉크

i		ɪ		ㅇ	ㅣ
n	k	ŋ	k	ㅇ	ㅋ

pink
[pɪŋk]
분홍색

p	i	p	ɪ	ㅍ	ㅣ
n	k	ŋ	k	ㅇ	ㅋ

bank
[bæŋk]
은행

b	a	b	æ	ㅂ	ㅐ
n	k	ŋ	k	ㅇ	ㅋ

연습

	영어 철자	[영어 발음]	한글 발음

sink
[sɪŋk]
가라앉다

s	i	s	ɪ	ㅆ	ㅣ
n	k				

발음 **TIP!**

소리가 안 나는 받침 자음도 있다?

영어의 모든 이중 받침이 둘 다 소리 나는 것은 아닙니다. 철자에 있는 두 개의 받침 자음 중 하나는 아무 소리도 안 나는 묵음인 경우도 있습니다. 이때는 소리 나는 하나의 받침만 발음하면 됩니다.

예를 들어 comb[koʊm]은 b 소리는 나지 않고 m만 소리가 납니다. 그래서 [코움]이라고 발음합니다. [코움ㅂ]라고 끝에 [b] 소리를 넣으면 틀린 발음이 되죠. 마찬가지로 talk도 l은 소리가 나지 않고 k만 소리가 납니다. 그래서 [토ㅓ을ㅋ]가 아니라 [토ㅓㅋ]로 발음해야 하죠.

이렇게 소리가 나지 않는 철자는 규칙성이 있는 것도 있지만, 불규칙한 것들도 꽤 많습니다. 여기에 묵음이 되는 몇 가지 이중 받침을 소개합니다.

발음 102

■ **b가 묵음인 단어**
  comb [koʊm] 빗, 빗질하다   debt [det] 빚, 부채

■ **l이 묵음인 단어**
  walk [wɔːk] 걷다   talk [tɔːk] 이야기하다

■ **g가 묵음인 단어**
  sign [saɪn] 징후, 조짐   reign [reɪn] 통치 기간

그 '콤브' 좀 빌려줄래?

???

[mp]

SPELLING **-mp**

[mp]는 [ㅁㅍ]로 발음하는데, [m]은 콧소리 [음]을 넣어서 소리 내 주세요. camp는 [캠프]보다는 [캐(음)ㅍ]처럼 발음합니다. 이때 [캠프]처럼 [ㅍ] 소리를 강하게 내면 안 됩니다. 뒤에 [p] 소리를 살짝 걸쳐만 주세요.

읽기

| | 영어 철자 | [영어 발음] | 한글 발음 |

camp
[kæmp]
야영지, 캠프

영어 철자	[영어 발음]	한글 발음
c / a	k / æ	ㅋ / ㅐ
m / p	m / p	ㅁ / ㅍ

jump
[dʒʌmp]
뛰다, 점프하다

영어 철자	[영어 발음]	한글 발음
j / u	dʒ / ʌ	쮸 / ㅓ
m / p	m / p	ㅁ / ㅍ

dump
[dʌmp]
버리다, 처분하다

영어 철자	[영어 발음]	한글 발음
d / u	d / ʌ	ㄷ / ㅓ
m / p	m / p	ㅁ / ㅍ

연습

| | 영어 철자 | [영어 발음] | 한글 발음 |

lamp
[læmp]
등, 램프

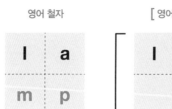

영어 철자	[영어 발음]	한글 발음
l / a	l / æ	ㄹ / ㅐ
m / p		

발음 104

[rd / rf / rk] SPELLING -rd / -rf / -rk

받침 [r]는 앞에 오는 모음에 따라 [ɑːr: 아아r]로도, [ɜːr: 어아r]로도, [ɔːr: 오ㅓr]로도 소리 날 수 있습니다. [rd], [rf], [rk]는 혀를 안쪽으로 말아 소리 내는 [r] 소리 뒤에 각각 [ㄷ], [ㅍf], [ㅋ] 소리를 약하게 붙이면 됩니다.

읽기

	영어 철자	[영어 발음]	한글 발음

hard
[hɑːrd]
어려운, 힘든

| h | a | | h | ɑː | | ㅎ | ㅏ아 |
| r | d | | r | d | | r | ㄷ |

surf
[sɜːrf]
파도타기를 하다

| s | u | | s | ɜː | | ㅆ | ㅓ어 |
| r | f | | r | f | | r | ㅍf |

fork
[fɔːrk]
포크

| f | o | | f | ɔː | | ㅍf | ㅗㅓ |
| r | k | | r | k | | r | ㅋ |

연습

	영어 철자	[영어 발음]	한글 발음

bird
[bɜːrd]
새

| b | i | | b | ɜː | | ㅂ | ㅓ어 |
| r | d | | | | | | |

[rp / rs / rt]   SPELLING -rp / -rse / -rt

각각 받침 [r] 소리 뒤에 [p], [s], [t] 발음을 붙여 주면 됩니다. [프], [스], [트]
처럼 '으' 소리로 끝내지 말고 가볍게 [ㅍ], [ㅅ], [ㅌ] 소리를 넣어 주세요.
harp는 2음절 [하프]가 아니라 1음절 [하아rㅍ]입니다.

읽기

	영어 철자		[영어 발음]		한글 발음	

harp
[hɑ:rp]
하프

h	a
r	p

[| h | ɑ: |]
| r | p |

ㅎ	ㅏ 아
r	ㅍ

horse
[hɔ:rs]
말

h	o
r	se

[| h | ɔ: |]
| r | s |

ㅎ	ㅗㅓ
r	ㅅ

tart
[tɑ:rt]
타르트 (파이)

t	a
r	t

[| t | ɑ: |]
| r | t |

ㅌ	ㅏ 아
r	ㅌ

연습

	영어 철자		[영어 발음]		한글 발음	

heart
[hɑ:rt]
심장

h	ea
r	t

[| h | ɑ: |]
| r | t |

ㅎ	ㅏ 아

발음 106

[rl / rm / rn] SPELLING -rl / -rm / -rn

[r] 뒤에 [l, m, n]이 오면 발음이 좀 어렵습니다. [rl]은 혀를 뒤로 마는 [r] 발음 뒤에 [l]의 [을] 소리를 넣어 [어r을]처럼 발음하고, 마찬가지로 [rm]은 [어r음], [rn]은 [어r은]처럼 발음하죠. girl은 [걸]이 아니라 [거ㅓr을]입니다.

읽기

	영어 철자	[영어 발음]	한글 발음

girl
[gɜːrl]
소녀

g	i		g	ɜː		ㄱ	ㅓ어
r	l		r	l		r	을

farm
[fɑːrm]
농장

f	a		f	ɑː		ㅍf	ㅏ아
r	m		r	m		r	ㅁ

corn
[kɔːrn]
옥수수

c	o		k	ɔː		ㅋ	ㅗ
r	n		r	n		r	ㄴ

연습

	영어 철자	[영어 발음]	한글 발음

pearl
[pɜːrl]
진주

p	ea		p	ɜː		ㅍ	ㅓ어
r	l						

발음 107

[kt / ft / pt] SPELLING -ct / -ft / -pt

[kt]는 [ㅋㅌ], [ft]는 [ㅍᶠㅌ], [pt]는 [ㅍㅌ]로 발음합니다. 이때 끝에는 [ㅌ]라고 '으' 소리를 내지 말고 가볍게 툭 던지듯 [ㅌ] 소리를 내세요. left는 3음절 [레프트]가 아니라 1음절 [레ㅍᶠㅌ]입니다.

	영어 철자		[영어 발음]		한글 발음	

fact
[fækt]
사실

f	a		f	æ		ㅍᶠ	ㅐ
c	t		k	t		ㅋ	ㅌ

left
[left]
왼쪽

l	e		l	e		ㄹ	ㅔ
f	t		f	t		ㅍᶠ	ㅌ

kept
[kept]
keep(유지하다)의
과거·과거분사형

k	e		k	e		ㅋ	ㅔ
p	t		p	t		ㅍ	ㅌ

	영어 철자		[영어 발음]		한글 발음	

shift
[ʃɪft]
옮기다, 이동하다

 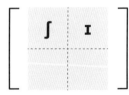

sh	i		ʃ	ɪ		슈	ㅣ
f	t		f	t			

발음 108

[ks]

SPELLING -x

단어 끝에 오는 -x는 철자는 한 개지만 [ks]라는 두 개의 받침소리를 냅니다.
[크스]라고 하지 말고 [ㅋㅅ]처럼 부드럽게 이어서 발음하세요.

읽기

영어 철자	[영어 발음]	한글 발음

box
[bɑːks]
상자

b	o		b	ɑː		ㅂ	ㅏ 아
	x			ks			ㅋㅅ

tax
[tæks]
세금

t	a		t	æ		ㅌ	ㅐ
	x			ks			ㅋㅅ

ox
[ɑːks]
황소

	o			ɑː		ㅇ	ㅏ 아
	x			ks			ㅋㅅ

연습

영어 철자	[영어 발음]	한글 발음

mix
[mɪks]
섞다, 섞이다

m	i		m	ɪ		ㅁ	ㅣ
	x						

발음 109

[rst / rld / kst]

SPELLING -rst / -rld / -xed, -xt

어떤 단어에서는 받침 자음이 세 개 연달아 오기도 합니다. 예를 들어 world 는 뒤에 나오는 자음 r, l, d 세 개가 모두 받침입니다. 또 mixed[mɪkst]처럼 -x 뒤에 과거형 -ed가 붙어도 받침소리가 [kst] 세 개가 될 수 있죠. 앞에서 배운 소리를 활용해 한 호흡으로 발음해 보세요.

읽기

	영어 철자		[영어 발음]		한글 발음	

first
[f3ːrst]
처음의, 첫 번째의

f	i		f	3ː		ㅍf	ㅓ어
r	st		r	st		r	ㅅㅌ

world
[w3ːrld]
세계

w	o		w	3ː		우	ㅓ어
r	ld		r	ld		r	을ㄷ

mixed
[mɪkst]
뒤섞인

m	i		m	ɪ		ㅁ	ㅣ
x	ed		ks	t		ㅋㅅ	ㅌ

연습

	영어 철자		[영어 발음]		한글 발음	

next
[nekst]
다음의

n	e		n	e		ㄴ	ㅔ
x	t						

영어와 한국어의 음절 차이는 왜 발생하는가?

지금까지 영어로는 1음절 단어지만, 한국 사람들이 여러 음절로 틀리게 발음하는 이유에 대해 자세히 살펴보았습니다. 정리해 보면, 가장 큰 이유는 영어에 '으' 발음이 없기 때문이고, 또 다른 이유는 한 번에 발음해야 하는 이중모음 때문입니다.

발음 110

- **이중자음에 '으' 소리를 붙이는 경우**

    stop [stɑ:p] 멈추다   스탑 ×   스탚 ○
- **이중모음을 2음절로 발음하는 경우**

    my [maɪ] 나의   마이 ×   마이 ○
- **받침에 '으' 소리를 붙이는 경우**

    bat [bæt] 박쥐   배트 ×   뱉 ○
- **이중 받침에 '으' 소리를 붙이는 경우**

    and [ænd] 그리고   앤드 ×   앤ㄷ ○

이런 이유 때문에 이중자음, 이중모음, 이중 받침까지 복합적으로 갖고 있는 1음절 단어의 경우, 많은 한국 사람들이 긴 음절로 완전히 잘못 발음하는 실수를 범하기도 합니다. 예를 들어 strike은 5음절 [스트라이크]로 읽는 분들이 많지만, 실제로는 '삼중자음 + 이중모음'으로 구성된 1음절 단어입니다. 한 번에 [straɪk]으로 발음하죠. strange 역시 5음절 [스트레인지] 같지만, 실제로는 '삼중자음 + 이중모음 + 이중 받침'으로 된 1음절 단어로, 한 번에 [streɪndʒ]로 발음합니다.

영어를 발음할 때는 위의 네 가지 사항을 염두에 두고 음절에 맞게 발음하도록 주의하세요.

지금까지 배운 이중 받침의 소리를 정리해 보겠습니다. Chapter 3에서 배웠던 받침 자음의 소리를 떠올리면서, 두 소리를 부드럽게 이어 한 호흡으로 발음해 보세요.

발음 111

영어 발음	[sk]	[sp]	[st]	[ld]	[lf]	[lk]
한글 발음	ㅅㅋ	ㅅㅍ	ㅅㅌ	을ㄷ	을ㅍ^f	을ㅋ
대표 철자	-sk	-sp	-st -ste	-ld	-lf	-lk

영어 발음	[lp]	[lt]	[nd]	[nt]	[ŋk]	[mp]
한글 발음	을ㅍ	을ㅌ	ㄴㄷ	ㄴㅌ	ㅇㅋ	ㅁㅍ
대표 철자	-lp	-lt	-nd	-nt	-nk	-mp

영어 발음	[rd]	[rf]	[rk]	[rp]	[rs]	[rt]
한글 발음	rㄷ	rㅍ^f	rㅋ	rㅍ	rㅅ	rㅌ
대표 철자	-rd	-rf	-rk	-rp	-rse	-rt

영어 발음	[rl]	[rm]	[rn]	[kt]	[ft]
한글 발음	r을	r음	r은	ㅋㅌ	ㅍfㅌ
대표 철자	-rl	-rm	-rn	-ct	-ft

영어 발음	[pt]	[ks]	[rst]	[rld]	[kst]
한글 발음	ㅍㅌ	ㅋㅅ	rㅅㅌ	r을ㄷ	ㅋㅅㅌ
대표 철자	-pt	-x	-rst	-rld	-xed -xt

빈칸을 채운 다음, 단어의 발음을 연습해 봅시다.

발음 112

		영어 철자	[영어 발음]	한글 발음

1 card
[kɑ:rd]
카드

영어 철자	[영어 발음]	한글 발음
c a	k ɑ:	ㅋ ㅏ 아
r d		

2 cold
[kould]
추운, 차가운

영어 철자	[영어 발음]	한글 발음
c o	k ou	ㅋ ㅗ우
l d		

3 dance
[dæns]
춤, 춤추다

영어 철자	[영어 발음]	한글 발음
d a	d æ	ㄷ ㅐ
n ce		

4 ask
[æsk]
묻다

영어 철자	[영어 발음]	한글 발음
a	æ	ㅇ ㅐ
s k		

5 end
[end]
끝, 끝나다

영어 철자	[영어 발음]	한글 발음
e	e	ㅇ ㅔ
n d		

정답은 229페이지

		영어 철자		[영어 발음]		한글 발음	

6 **fast**
[fæst]
빠른

f	a		f	æ		ㅍ^f	ㅐ
s	t						

7 **hold**
[hould]
잡다, 들다

h	o		h	oʊ		ㅎ	ㅗ우
l	d						

8 **text**
[tekst]
(책, 잡지의) 글

t	e		t	e		ㅌ	ㅔ
x	t						

9 **park**
[pɑːrk]
공원

p	a		p	ɑː		ㅍ	ㅏ아
r	k						

10 **soft**
[sɔːft]
부드러운

s	o		s	ɔː		ㅆ	ㅗ
f	t						

PART 4

2음절 이상 단어 읽는 법

: 긴 단어도 음절 블록으로 풀면 발음하기 쉽다!

지금까지 Part 2와 Part 3에서는 블록 1개로 만들어지는 1음절 단어에 대해 집중적으로 배웠습니다. 영어의 기본적인 자음과 모음 소리도 확실하게 익혔으니, 이제부터는 블록 2개로 만들어지는 2음절 단어에 대해 배워 보겠습니다. 앞에서 배웠던 내용을 잘 기억하면서 따라와 주세요.

1

2음절 단어를
파헤쳐 보자

2음절 단어란
무엇인가?

지금까지 배운 단어는 모두 영어에서 1음절로 발음해야 하는 단어였습니다. 즉, 음절 블록이 한 개만 있는 단어들이었죠. bag처럼 영어나 한국어로도 모두 1음절로 발음하는 단어도 있었지만, stop처럼 한국어로는 여러 음절로 발음하지만 실제 영어로는 1음절인 단어도 있었습니다.

음절은 모음 소리의 개수에 따라 결정되는데, 이건 철자의 문제가 아닙니다. slow는 철자에 o와 w가 들어가 있으니 모음이 2개라서 2음절이 아닐까 착각하기 쉽지만, 발음기호를 살펴보면 [slou]입니다. [ou]는 이중모음으로, 영어에서는 이중모음을 하나의 소리로 봅니다. 따라서 단어 slow는 모음 소리가 한 개인 1음절 단어인 것이죠.

그렇다면 skate은 어떨까요? 모음이 a와 e, 두 개니까 2음절 단어일까요? 여기서 마지막 철자 e는 모음이 맞지만, 발음을 따로 하지 않는 묵음입니다. skate의 발음은 [skeɪt]으로, 모음 소리가 이중모음 [eɪ] 하나만 있는 1음절 단어인 것이죠.

이처럼 음절을 셀 때는 철자 속에 모음이 몇 개 들어 있는지는 하나도 중요하지 않습니다. **발음할 때 모음 소리가 몇 개 있는지가 핵심이죠.**

다음 단어들은 모두 영어로 1음절 단어, 즉 블록 1개로 이루어진 단어들입니다. 단어 속에 모음 소리가 1개 들어 있기 때문이죠.

백	bag
스탒	stop
슬로우	slow
스케이트	skate
스트레인지	strange

전부 블록이 하나인 1음절 단어

블록 한 개의 1음절 단어는 충분히 살펴봤으니, 지금부터는 블록이 두 개 있는 2음절 단어에 대해 배워 보겠습니다. **2음절 단어는 모음 소리가 두 개, 즉 블록이 두 개인 단어를 말합니다.**

| 1 | 2 |

예를 들어 candy, baby, spider, 이 세 단어를 살펴볼까요?
첫 번째로 candy[ˈkændi]는 발음이 [캔/디]로 2음절입니다. 이건 그다지 어렵지 않죠? 한국어로 읽어도 2음절, 영어로 읽어도 2음절입니다.

| can | dy |

한편 baby[ˈbeɪbi]는 발음이 [베이/비]로 candy와 마찬가지로 2음절입니다. 앞의 모음 a가 이중모음 [eɪ: 에이] 소리를 내죠. 그래서 한국어로는 '베이비'라는 3글자가 되지만, 영어로는 2음절 단어입니다.

마지막으로 spider[ˈspaɪdər]는 발음이 [스파이/더]로 2음절입니다. 앞의 spi가 한 음절이고, der가 한 음절입니다. 여태까지 '스파이더'라고 4글자로 발음하는 분들이 많았죠? 한국어로는 4글자이지만, 영어의 실제 발음은 2음절입니다.

이처럼 영단어 중에는 한국어 음절과 실제 영어 음절이 다른 단어가 많기 때문에, 꼭 발음기호와 음절 수를 확인해야 합니다. 예를 들어 strange[스트레인지]와 stranger[스트레인저]는 한국어로는 같은 5음절 단어지만, 영어로는 각각 1음절과 2음절 단어입니다. 발음하는 모음의 개수가 곧 음절의 개수가 되죠. strange[streɪndʒ]는 모음 소리가 [eɪ] 하나라서 1음절이고, stranger [ˈstreɪndʒər]는 모음 소리가 [eɪ]와 [ə] 두 개라서 2음절입니다.

음절의 수도 블록으로 쉽게 알 수 있다

블록으로 표기하면 단어의 음절 수를 쉽게 알 수 있습니다. **블록의 개수가 곧 음절의 개수가 됩니다.** 2음절 이상의 단어는 철자를 빼고 발음기호를 이용해서 블록을 만듭니다.

예를 들어 baby는 다음과 같이 블록에 표기합니다. 발음기호 [ˈbeɪbi] 안에 있는 자음과 모음 발음기호를 각각 자음 칸과 모음 칸에 넣어 주면 되죠. [eɪ]는 하나의 모음(이중모음)이니까 한 칸에 넣어 주세요. 끝의 모음 [i]는 앞에서 배운 [iː] 소리의 강세 없는 버전인데, 이렇게 강세가 없을 때는 길게 [이이] 소리를 내지 않고 짧게 [이] 소리를 냅니다. 이렇게 블록에 넣어 보면 baby가 2블록, 즉 2음절 단어인 것을 알 수 있습니다.

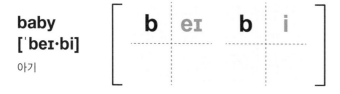

baby
[ˈbeɪ·bi]
아기

한편 spider[ˈspaɪdər]는 블록으로 다음과 같이 만듭니다. 모음 소리가 두 개니까 [spaɪ]와 [dər], 2개의 블록으로 만들 수 있죠. 역시 만들고 나면, spider가 2블록, 즉 2음절 단어인 것을 알 수 있습니다.

spider
[ˈspaɪ·dər]
거미

이처럼 블록을 이용하면 앞에서 살펴봤던 strange[스트레인지]와 stranger[스트레인저]의 음절도 쉽게 구분할 수 있습니다.

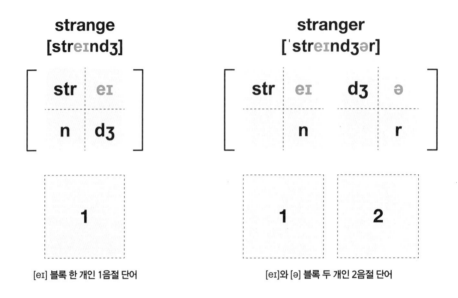

[eɪ] 블록 한 개인 1음절 단어   [eɪ]와 [ə] 블록 두 개인 2음절 단어

2음절 이상 단어의 특징
: '바나나'의 3단 변신

2음절 이상의 단어들은 발음할 때 꼭 알아야 할 몇 가지 특징이 있습니다. 3음절 단어인 banana를 예로 들어서 자세히 살펴보겠습니다. banana는 우리말로는 '바나나'이지만, 실제 영어 발음은 [버낸어]에 가깝습니다. 지금부터 '바나나'가 영어로 [버낸어]가 되는 3단 변신 과정을 설명 드릴게요.

■ 1단계 변신: 큰 소리 대장 블록을 정한다

블록이 2개 이상인 경우에는 세게 발음하는 '대장 블록'을 꼭 정해야 합니다. 즉, 소리가 센 블록이 있고, 소리가 작은 블록도 있는 것이죠. 이때 센 소리를 강세 (accent)라고 합니다.

한국어: 바/나/나 모두 같은 세기

영어 banana: 중간의 na가 센 소리

■ 2단계 변신: 작은 블록은 제대로 소리 내지 않는다

대장 블록과 작은 블록이 결정되면, 각각의 모음 소리가 달라집니다. 작은 블록 안의 모음 소리는 작은 [으] 또는 [어] 같이 불분명한 발음으로 나는 경우가 많습니다. 반대로 큰 대장 블록의 모음은 크고 분명하게 발음해 줍니다. 그밖의 자세한 특징은 다음 장에서 자세하게 살펴보겠습니다.

큰 블록과 작은 블록의 모음 소리가 바뀐다

■ 3단계 변신: 대장 블록은 든든한 받침이 있어야 한다

대장 블록의 경우, 세게 발음하다 보니 받침소리도 필요합니다. 그래서 뒤에 있는 자음을 가져와서 받침으로 쓰기도 합니다.

옆의 ㄴ 소리를 받침으로 가져온다

이런 3단 변신 과정을 거쳐 우리말 '바나나'가 영어 [버낸어]가 되었습니다. 이런 변신 과정은 2음절 이상의 단어를 발음할 때 나오는 여러 가지 특징 중 하나입니다. 2음절 이상의 단어의 특징에 대해서는 다음 장부터 본격적으로 살펴보겠습니다.

2 대장 블록을 정한다

**2음절 이상의 단어는
대장 블록부터 정해라!**

블록이 2개 이상인 2음절 이상의 단어에서는 세게 발음하는 '대장 블록'을 꼭 정해야 합니다. 이렇게 세게 발음하는 것을 '강세(accent)를 준다'고 표현하죠. 한국어는 거의 강세 없이 같은 세기로 단어를 발음하지만, 영어는 말할 때 문장 속의 단어마다, 또 단어 속 음절마다 세기를 다르게 합니다. 마치 노래하는 것과 비슷하죠.

한국어: 같은 세기   영어: 다른 세기

영어에는 단어마다 세게 발음하는 음절, 즉 '대장 블록'이 있습니다. 예를 들어 candy는 다음처럼 똑같은 크기의 블록이 아닙니다.

can[캔]이나 dy[디] 중에서 하나를 골라 대장 블록으로 정해야 합니다. candy
의 경우 대장 블록은 can입니다.

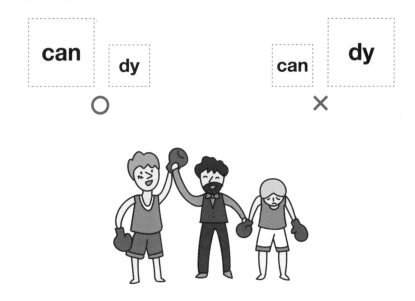

그래서 candy를 발음할 때는 대장 블록인 can[캔]은 세게, 작은 블록인
dy[디]는 약하게 발음합니다. [캔디]처럼요. 영어는 노래와 비슷합니다. 강약
중간 약, 쿵짝 쿵짝~ 이렇게 강약을 줘서 발음해야 하죠.

대장 블록은
어떻게 정할까?

영어는 단어의 음절 마디가 여러 개일 때는 그중에서 한 개만 집중해서 소리 내
고 나머지는 대강 소리 냅니다. 그렇기 때문에 대장 블록이 아주 중요하죠. 듣
는 사람도 긴 단어 중에서 강세가 있는 음절을 듣고 어떤 단어인지 알아챕니다.

vanilla(바닐라)의 경우, 여러분은 어디에 강세를 둬서 읽나요? 아마도 많은 분들이 아예 강세 없이 똑같이 [바/닐/라]라고 읽거나 앞 음절 [바]를 세게 해서 발음할 것 같네요. vanilla와 '바닐라', 영어나 한국어나 모두 3음절이라 음절 수는 같습니다.

그런데 정작 미국에 가서 그렇게 바닐라 아이스크림을 주문하면 점원이 잘 못 알아듣습니다. 사실 vanilla는 중간 음절 [닐]에 강세가 있어서 [닐]을 크게, 나머지 소리는 약하게 대강 발음해야 하거든요. 마치 [버닐러]처럼요. 물론 v를 'ㅂ'처럼 발음해도 안 되지만, 무엇보다 강세가 있는 [닐]을 세게 발음해야 원어민이 알아듣습니다. 점원은 vanilla를 'O닐O'로 생각하고 있는데 우리가 '바OO'처럼 말하니까 못 알아듣게 되는 거죠.

vanilla 바닐라 맛의   [vəˈnɪlə]

발음 114

이처럼 원어민은 2음절 이상의 긴 단어는 강세가 있는 부분만 제대로 듣기 때문에, 강세가 있는 대장 블록이 뭔지 확실히 알아야 합니다.

그렇다면 단어마다 대장 블록이 무엇인지는 어떻게 알 수 있을까요?

사실 단어마다 대장 블록은 이미 정해져 있습니다. candy라는 단어를 사전에서 찾아보면 발음 표기에 [ˈkændi]라고 나와 있습니다. **음절 앞에 있는 ' 표시가 바로 강세 표시, 즉 대장 블록 표시입니다.** 따라서 [kæn: 캔]이 대장 블록인 것입니다. 사전을 찾아보면 단어마다 대장 블록이 무엇인지 쉽게 알 수 있습니다.

> **candy** [ˈkændi]
> 앞 부분에 강세가 들어간다는 표시입니다. ′ 뒤에 오는 음절에
> 강세가 있습니다.

> **candy** [kǽndi]
> 사전에 따라서는 강세가 들어가는 모음 위에 점을 찍어 표시
> 하기도 합니다. (주로 한국 사전과 단어장에서 많이 쓰는 방식)

강세는 영어권 사람들 간의 약속이기 때문에 사전에서 일일이 확인할 수밖에 없습니다. 우리말은 강세가 없기 때문에 영어 단어를 읽을 때도 무심코 강세 없이 똑같이 밋밋하게 발음하는 경우가 많습니다. 하지만 영어 단어 중에는 vanilla 처럼 강세에 맞게 발음하지 않으면 원어민이 제대로 못 알아듣는 경우도 많고, 심지어는 강세에 따라서 단어의 뜻이 달라지는 경우도 있습니다. 예를 들어 refund는 [ˈriːfʌnd]처럼 앞에 강세가 있으면 '환불'이라는 뜻의 명사가 되지만, [rɪˈfʌnd]처럼 뒤에 강세가 있을 때는 '환불하다'란 뜻의 동사가 됩니다. 따라서 어떤 단어든지 강세에 맞게 발음하는 것은 필수입니다.

발음 115

refund 환불   [ˈriːfʌnd]
refund 환불하다   [rɪˈfʌnd]

**블록으로
배워 보자**

발음 116

이제 앞에서 배운 내용을 실제 블록에 적용해 볼까요?

블록에서 candy라는 단어는 다음과 같이 표기할 수 있습니다. 앞에 강세가 있기 때문에 [kæn: 캔] 블록은 크게, [di: 디] 블록은 작게 만듭니다. 좀 더 쉽게 알아볼 수 있게 모음 발음은 각각 색으로 표시했습니다.

candy
[ˈkæn·di]
사탕

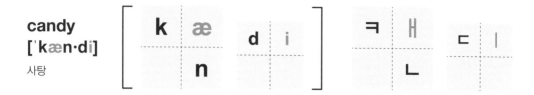

반대로 forget은 candy와는 달리 뒤쪽의 get이 대장 블록입니다. 발음기호를 보면 [get: 겥] 앞에 ˈ 표시가 있는 걸 볼 수 있죠? 그래서 뒤의 음절을 세게 해서 읽어야 합니다.

forget
[fərˈget]
잊다

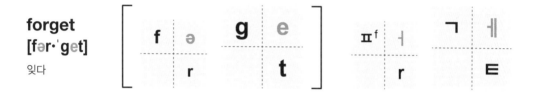

이번에는 우리나라, Korea를 블록에 넣어 봅시다. Korea는 어디에 강세가 있을까요? "오~ 필승 코리아~" 노래를 불러 보면 꼭 '아'에 있을 것 같은데 맞을까요? 사실 Korea의 강세는 끝이 아니라 중간 음절 '리'에 있습니다. 발음기호를 보면 [riː] 앞에 강세 표시가 있으므로, 중간 블록이 대장 블록입니다.

Korea
[kəˈriː·ə]
한국

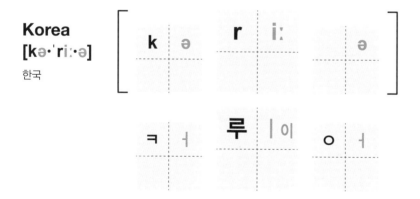

정답은 230페이지

발음 117

빈칸을 채운 후, 다음 단어의 발음을 연습해 봅시다.

	[영어 발음]	한글 발음

1 **become**
[bɪ·ˈkʌm]
~이 되다

2 **believe**
[bɪ·ˈliːv]
믿다

3 **elbow**
[ˈel·boʊ]
팔꿈치

4 **city**
[ˈsɪt·i]
도시

5 **body**
[ˈbɑːd·i]
몸, 신체

3 작은 블록 안의 모음 소리 [ə]

[ə] 발음은 어떤 소리인가?

대장 블록이 아닌 작은 블록의 경우, 블록 안의 모음 소리가 작고 불명확하게 [으] 또는 [어]로 발음되는 경우가 많습니다. 친구가 귀찮게 뭘 물어볼 때, 성의 없이 "어~" 하고 뭉개며 대답하는 말과 비슷하죠. **발음기호로는 [ə]라고 표시하는데, 전문 용어로는 'schwa(슈와)'라고 부릅니다.**

작은 블록에서는 모음 소리가 철자에 상관 없이 [ə]로 소리 나는 경우가 많습니다. 다시 말해서 작은 블록 안의 모음이 a인지, i인지, o인지에 상관 없이 그냥 [ə] 소리가 나는 겁니다.

한국어의 경우, 글자의 발음은 강세를 세게 하든 작게 하든 똑같지만, 영어는 강세가 없는 모음은 그냥 [ə] 발음으로 뭉개서 말하는 경우가 많습니다. (100% 그렇다는 것은 아닙니다.)

옛날에 인기를 끌던 예능 프로그램 중 〈스타 골든벨〉이라는 프로가 있었는데, 그중 '절대음감 릴레이'라는 코너가 있었습니다. 한 단어를 주고 강세를 바꿔 가며 이야기하는 코너였죠. 예를 들어 '모나리자' 같은 단어를 주고 '**모**나리자, 모**나**리자, 모나**리**자, 모나리**자**!'처럼 음절마다 강세를 바꿔 가며 말하는 거지요.

그런데 만일 Mona Lisa(모나리자)를 가지고 한국인과 영어 원어민이 절대음감 릴레이를 펼친다면, 아래처럼 서로 다르게 발음할 겁니다.

한국어 (모나리자)	영어 (Mona Lisa)
모나리자	마너러저
모나리자	머내러저
모나리자	머너리이저
모나리자	머너러재
강세에 따라 발음이 달라지지 않음	강세에 따라 발음이 달라짐

한국어에서는 강세가 어디 있는지 상관없이, '모'는 '모'로 '나'는 '나'로 발음하지만, 영어는 강세에 따라서 철자를 읽는 발음이 달라집니다.

영어는 철자 Mo에 강세가 있으면 [마]로 세게 발음하고, 강세가 없으면 약하게 [머: mə]로 소리 냅니다. Mo라는 철자는 그대로이지만, 강세에 따라 발음이 달라지는 것이죠. 이처럼 강세가 없는 약한 발음에는 [ə] 소리를 냅니다.

이제 [ə] 소리가 있는 단어를 블록에 넣어서 연습해 보겠습니다.

album의 경우 앞의 al이 강세가 있는 대장 블록입니다. 뒤의 bum은 작은 블록이라 모음 u는 작은 소리 [ə: 으/어]를 냅니다. bus처럼 당당한 모음 소리 [ʌ]가 아니라, 희미한 [ə] 소리입니다.

album
[ˈæl·bəm]
사진첩

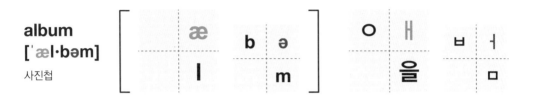

반대로 Japan의 경우, 뒤의 pan이 강세가 있는 대장 블록입니다. 대장 블록 pan의 a는 당당한 [æ] 소리가 나지만, 대장 블록이 아닌 Ja의 a는 작은 [ə] 소리를 냅니다.

Japan
[dʒə·ˈpæn]
일본

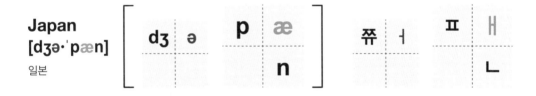

앞의 두 단어에서도 알 수 있듯이, 같은 a 철자라도 강세에 따라 다른 소리가 납니다. 따라서 발음을 잘하기 위해서는 강세를 잘 알아야 하죠.

같은 철자라도, 강세에 따라 다른 소리가 나는 경우를 하나만 더 보겠습니다. control[kənˈtroʊl]이라는 단어입니다. 역시 뒤에 강세가 있는 단어입니다. con과 trol 둘 다 o라는 모음 철자가 있습니다. 그러나 앞의 o는 강세가 없는 [ə] 소리이고, 대장 블록의 o는 강세가 있는 [oʊ] 소리입니다.

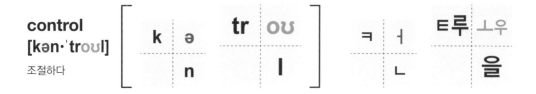

control
[kən·ˈtroʊl]

조절하다

물론 강세 없는 발음이 전부 [ə] 소리로 변하는 것은 아닙니다. candy[ˈkændi]
나 begin[bɪˈgɪn]처럼 자기 모음 소리를 그대로 지키는 단어들도 있습니다. 그
래서 단어를 발음할 때는 철자만 보지 말고 꼭 발음기호를 확인해 보는 것이
중요합니다.

[ə] 발음 제대로 하는 법

[ə]는 [으]와 [어]의 중간쯤 되는 발음입니다. 그래서 한국어에서도 '미러클'처럼 [으]로 표기하
기도 하고, '뮤지컬'처럼 [어]로 표기하는 경우도 있습니다.

[ə] 발음을 더 영어답게 발음하고 싶다면 간단한 방법이 있습니다. 우리말에 들어 있는 기존
의 '으'는 [어]로, '어'는 [으]로 소리 내 보세요. '미러클'은 [미러컬], '뮤지컬'은 [뮤지클]처럼 소
리 내는 겁니다. 완전히 '으', '어' 소리를 내는 것은 아니지만, 기존의 소리를 살짝 바꿔 주는
거죠. 그럼 좀 더 [ə] 발음에 가깝게 말할 수 있어요. 다른 단어들도 마찬가지입니다. 우리가
기존에 발음했던 발음을 살짝 바꿔 주면 훨씬 영어다운 발음을 할 수 있습니다.

발음 119

■ '으' 발음을 살짝 [어]처럼 내기

miracle [ˈmɪrəkəl] 기적	미러클 ×	미러컬 ○
apple [ˈæpəl] 사과	애플 ×	애펄 ○
beautiful [ˈbjuːtɪfəl] 아름다운	뷰티플 ×	뷰티펄 ○

■ '어' 발음을 살짝 [으]처럼 내기

album [ˈælbəm] 사진첩	앨범 ×	앨븜 ○
musical [ˈmjuːzɪkəl] 뮤지컬	뮤지컬 ×	뮤지클 ○
medical [ˈmedɪkəl] 의학의	메디컬 ×	메디클 ○

정답은 231페이지

발음 120

빈칸을 채운 후, 단어의 발음을 연습해 봅시다.

	[영어 발음]	한글 발음
1 **doctor** [ˈdɑːk·tər] 의사		
2 **woman** [ˈwʊm·ən] 여자		
3 **salad** [ˈsæl·əd] 샐러드		
4 **police** [pəˈliːs] 경찰		
5 **today** [təˈdeɪ] 오늘		

4) 대장 블록에는
받침이 있다

대장 블록은
받침소리가 난다

아래 나온 두 그림 중에서 하나는 단어의 음절을 잘못 나눈 것입니다. ba/na/na와 wa/ter/mel/on, 둘 중에 무엇이 틀렸을까요?

위의 그림을 보면 '바나나'는 [버/내/너]로, '워터메론'은 [워/터/멜/언]으로 나누고 있습니다. 언뜻 생각하면 [버/내/너]가 맞는 음절인 것 같습니다. 하지

만 [ba/na/na: 버내너]가 아니고 [ba/nan/a: 버낸어]가 맞습니다. melon은
[me/lon: 멜/론]이 아니라 [mel/on: 멜/언]으로 나눈 게 맞고요.

watermelon 수박   [ˈwɔː·tər·mel·ən]

banana 바나나   [bə·ˈnæn·ə]

banana가 [버낸어]로 발음되는 이유는 중간 발음인 na가 대장 블록이기 때문
입니다. 대장 블록이라 세게 [내]로 발음하는데, 발음이 세다 보니 이웃 블록의
자음까지 빼앗아 받침소리로 쓰는 거죠. 그래서 [내]가 아닌 [낸]이 되는 것입
니다.

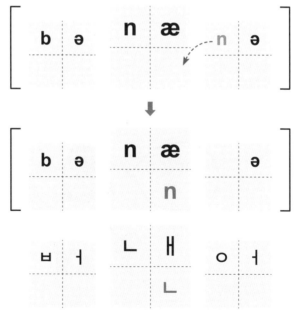

대장 블록이 옆의 자음까지 빼앗아 받침으로 사용한다

McDonald's는
'맥도날드'가 아니라고?

이렇게 대장 블록이 뒤의 자음을 받침으로 사용하면서 우리가 알고 있는 발음과 달라지는 단어가 많이 있습니다. 먼저 아래 발음을 들어 보세요.

발음 122

McDonald's	맥도날드 (X)
summer	썸머 (X)
inner	이너 (X)

위의 발음을 들어 보면 우리가 '맥도날드'라고 하는 McDonald's는 Mc/Do/nald's가 아닌 Mc/Don/ald's로 음절이 나뉘는 것을 알 수 있습니다. 중간 음절이 강세를 가진 대장 블록이라서 뒤의 n을 받침으로 가져오는 것입니다. 그래서 [맥도날즈]가 아니라 [먹/단/얼즈]처럼 발음합니다.

그렇다면 우리가 잘 알고 있는 '여름'을 나타내는 summer는 발음이 어떻게 될까요? 많이들 쓰는 [썸머]일까요?

summer의 발음기호를 사전에서 찾아보면 [ˈsʌmər]로, [m] 소리가 하나밖에 없는 걸 알 수 있습니다. 그러면 [써머]로 발음하면 될까요? 실제로 대부분의 영어 선생님들께서 [썸머]는 틀렸고 [써머]가 맞다고 가르치십니다.

하지만 음절까지 표시된 사전에서 summer를 찾아보면 [ˈsʌm·ər]로 표시하고 있습니다. 즉 자음 [m]이 대장 블록의 받침인 것이죠. 따라서 맞는 발음은 [써머]가 아닌 [썸어]입니다.

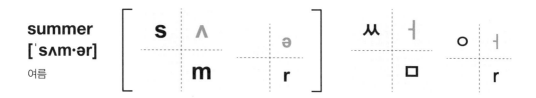

summer
[ˈsʌm·ər]

여름

사실 [썸어]나, [써머]나 둘 다 음절 수에는 차이가 없기 때문에, 발음에도 큰 차이를 못 느낄 수 있습니다. 하지만 사실 약간의 발음 차이는 있습니다.

우리말 '인어'를 발음해 보세요. 아마 외국인이 쓰는 한국어 교재에는 발음을 [이너]라고 표기할 겁니다. 그런데 사실 '인어'와 '이너'는 약간의 발음 차이가 있습니다. [인어]라고 하면 앞에 강세가 들어가는 것처럼 느껴지고, [이너]라고 하면 앞부분에 강세가 잘 안 느껴집니다.

화를 내는 친구에게 '참아~ 참아~' 하는 발음도 '차마 차마' 하는 발음과는 약간 차이가 있습니다. '참아' 라고 앞에 받침이 있을 때는 앞부분에 더욱 강세가 들어가는 것을 느낄 수 있습니다. 마찬가지로 summer도 [써머]가 아닌, [썸어]로 발음해 주세요.

참고로 모든 대장 블록이 뒤에 오는 받침을 뺏는 것은 아닙니다. 예를 들어 super는 [suːp·ər: 쑵어]가 아니라 [suː·pər: 쑤퍼]로 발음합니다. 그래서 영화 제목 <Superman>은 [쑤퍼맨]이라고 읽죠. human도 마찬가지로 hum-an이 아닌 hu-man으로 음절을 나누어 발음합니다.

이처럼 영어 단어의 음절은 헷갈리기 쉬우니, 음절 표시가 되어 있는 사전이나 인터넷 사이트를 꼭 확인하면서 공부하시기 바랍니다.

블록으로 배워 보자

발음 123

대장 블록이 뒤에 나오는 자음을 받침으로 사용하는 단어들을 블록에 넣어 연습해 보겠습니다. 쉬운 단어지만 한국식 발음과는 다르므로 주의해서 발음하세요. 강세가 있는 음절에서 받침을 같이 발음해 주는 것이 포인트입니다.

우리말로 '멜론'이라고 부르는 melon은 [메론]도, [멜론]도 아닌 [멜언]입니다.

melon
[ˈmel·ən]
멜론

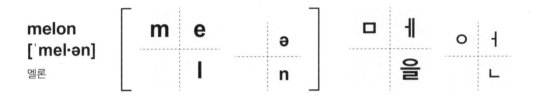

앞에서 잠깐 살펴봤던 inner는 [이너]가 아닌 [인어]이고요.

inner
[ˈɪn·ər]
안쪽의, 내부의

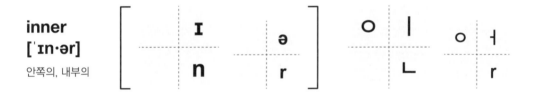

kitchen은 [키친]이 아니라 [키춰인]입니다.

kitchen
[ˈkɪtʃ·ɪn]
부엌

tablet은 [태블릳]이 아닌 [탭럳]입니다.

tablet
[ˈtæb·lət]
정제, 알약

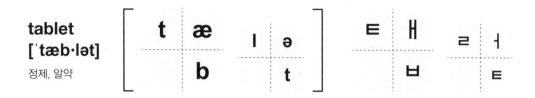

마찬가지로 happy는 [해피]가 아닌 [햎이]라고 발음해야 하죠.

happy
[ˈhæp·i]
행복한

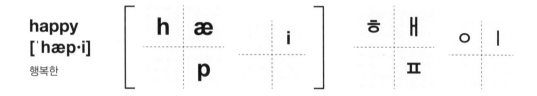

그렇다면 단어 robot의 발음은 어떻게 될까요? 대장 블록이 앞에 있으니까 [로웁앝]일까요? 사실 robot은 대장 블록이 뒤의 자음을 빼앗지 않습니다. 그래서 [로웁앝]이 아닌 [로우바앝]으로 발음하죠.

robot
[ˈroʊ·bɑːt]
로봇

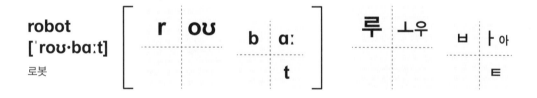

이처럼 대장 블록은 뒤의 자음 소리를 빼앗아 오는 경우가 많지만, robot처럼 그렇지 않은 단어도 있습니다. 따라서 사전으로 꼭 음절을 확인하고 발음하기 바랍니다.

정답은 232페이지

발음 124

빈칸을 채운 후, 단어의 발음을 연습해 봅시다.

[영어 발음]　　　　　　　　　한글 발음

1　**chicken**
　[ˈtʃɪk·ɪn]
　닭, 닭고기

2　**ribbon**
　[ˈrɪb·ən]
　리본

3　**honey**
　[ˈhʌn·i]
　꿀

4　**image**
　[ˈɪm·ɪdʒ]
　이미지, 영상

5　**planet**
　[ˈplæn·ɪt]
　행성

[l]/[n] 받침소리는 모음이 없어도 한 블록

5

[l: 을] 받침소리는
한 블록이다

[l]이 받침으로 올 때는 [을] 소리를 낸다고 앞에서 설명했는데요, 2음절 이상의 영단어 중에는 자음 뒤에 받침소리 [l]이 들어가는 단어가 많습니다. 예를 들어 circle, miracle, candle, apple, waffle 같은 단어들이죠. 철자를 살펴보면 -cle[클], -kle[클], -dle[들], -fle[플ᶠ], -ple[플], -sle[슬], -zle[즐] 등 -le로 끝나는 단어들입니다.

이처럼 **자음 뒤에 [l]이 받침으로 들어가는 [kl], [dl], [fl], [pl], [sl], [zl] 같은 소리의 경우, 발음기호에 모음이 없더라도 하나의 블록, 즉 1음절로 봅니다.**

cir	cle	써어r	클
an	kle	앵	클
can	dle	캔	들
wa	ffle	와아	플ᶠ
peo	ple	피이	플
musc	le	머ㅅ	을
puzz	le	퍼ㅈ	을

자음 뒤에 [l]이 들어가면 1음절

이제 [을] 소리로 끝나는 단어를 블록에 넣어 보겠습니다. 예를 들어 단어 candle의 발음기호는 [ˈkændl]인데, [kæn]이 한 블록이 되고, 뒤의 [dl]이 한 블록이 됩니다. [dl]에 모음 발음기호가 없어도 예외적으로 한 블록이 되죠.

받침 -l, -le는 [əl: 을/얼]처럼 모음 소리가 같이 나기 때문에, 모음 발음기호가 없어도 하나의 블록으로 보는 겁니다.

candle
[ˈkæn·dl]
양초

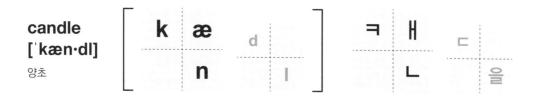

people도 마찬가지입니다. people의 발음기호는 [ˈpiːpl]입니다. [piː]가 한 블록이 되고, [pl]이 한 블록이 됩니다.

people
[ˈpiː·pl]
사람들

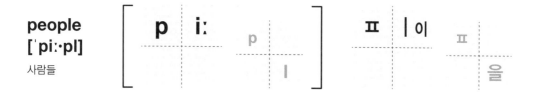

muscle이나 puzzle처럼 앞 블록이 뒤의 받침 자음을 가져가고, 뒤에 [l] 블록만 남는 경우도 있습니다. 이때도 [l]은 모음 발음기호 없이 한 블록이 되죠.

puzzle
[ˈpʌz·l]
퍼즐

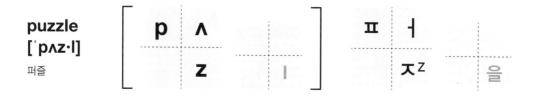

[l] 받침소리는 없다?

단어 끝의 [l] 받침소리는 [을] 소리를 내지 않고 생략하는 경우가 많습니다. 그냥 [ə: 으/어]처럼 소리 내는 거죠.

[l]은 첫 자음 소리와 받침소리가 다릅니다. 첫 자음 소리는 혀로 윗니를 튕기는 [(을)ㄹ] 소리입니다. 우리말 ㄹ 발음과 거의 비슷하지요.

하지만 받침 [l]은 ㄹ 발음과 다릅니다. 혀를 튕기지 않고 입안에서 [을] 또는 [으] 소리가 나는 경우가 많죠. 전문용어로 첫 자음 [l] 소리는 light L, 뒤의 받침소리는 dark L 소리라고 합니다. dark L 소리는 혀끝을 앞니 뒤에 대고, 가글하는 것처럼 목을 뒤로 젖히고 [을] 소리를 내면 됩니다. ㄹ 소리가 분명하지 않고, [으ㄹ/어ㄹ]와 비슷한 소리가 납니다. ㄹ 소리가 거의 나지 않고 [으/어] 소리만 나기도 합니다.

그래서 받침 [l]이 있는 단어는 우리가 생각하는 ㄹ 받침소리가 나지 않습니다. 원어민 발음을 들어 보면 apple은 분명한 [애플]이 아니라 [애뻐], people[피플]은 [피뻐], table[테이블]은 [테이버]처럼 들립니다. [l] 소리로 끝나는 1음절 단어도 마찬가지입니다. feel은 [피~으], call은 [커으]처럼 소리 나죠. 중간에 [l] 소리가 들어간 always도 [오으웨이즈]처럼 소리 납니다. 아래 발음을 들으면서 확인해 보세요.

발음 127

■ **dark L 발음**

apple [ˈæpəl] 사과
table [ˈteɪbl] 탁자, 테이블
call [kɔːl] 부르다

people [ˈpiːpl] 사람들
feel [fiːl] 느끼다
always [ˈɔːlweɪz] 항상

apple!

'애뻐'라고?

[n: 은] 받침소리에도 주의하자

받침소리 [l]처럼 모음 발음기호 없이도 하나의 음절로 취급 받는 소리가 하나 더 있습니다. 바로 받침소리 [n: 은]입니다. [n] 소리로 끝나는 단어를 살펴보면 [tn: 튼]으로 끝나는 mountain, cotton, button, [sn: 슨]으로 끝나는 listen, lesson, [dn: 든]으로 끝나는 hidden 같은 단어가 있습니다. 발음기호를 찾아보면 사전에 따라 조금씩 다르지만, 모음의 발음기호가 1개밖에 없는 경우가 많습니다. 예를 들어 버튼 button의 발음기호는 [ˈbʌtn], hidden은 [ˈhɪdn]으로 표시합니다.

이런 단어도 [을] 소리로 끝나는 단어와 마찬가지로 2음절 단어입니다. **받침 [n]이 [은]처럼 모음 소리가 같이 나기 때문에, 모음 발음기호가 없어도 하나의 음절로 보는 거죠.**

우리말로도 [은]은 1음절이기 때문에 사실 한국어와 음절이 헷갈리지는 않을 겁니다. 다만 받침소리를 잘 알아야 합니다. 예를 들어 button은 [버튼]이 아니라 [벝은]입니다. [t]가 받침이 되며, 살짝 끊어 주는 것입니다. 참고로 여기서 [은] 발음은 [t] 소리와 부딪치다 보니 마치 [흔]에 가깝게 발음되어 [벝흔]처럼 들리죠.

단어 button을 블록에 표기하면 다음과 같습니다. [t]가 받침이 되어 앞 블록
으로 갑니다.

button
[ˈbʌt·n]
단추, 버튼

hidden 역시 [히든]이 아니라 [힡은]으로 발음합니다. 마찬가지로 [d]가 앞 블
록의 받침으로 들어가죠.

hidden
[ˈhɪd·n]
숨겨진

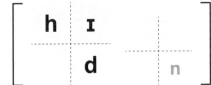

fountain의 경우는 조금 다릅니다. 음절이 [faʊn]과 [tn]으로 나누어집니다. 마
찬가지로 [tn]에도 모음 소리는 없지만 하나의 음절로 봅니다.

fountain
[ˈfaʊn·tn]
분수

정답은 233페이지

발음 129

빈칸을 채운 후, 단어의 발음을 연습해 봅시다.

[영어 발음]　　　　　한글 발음

1　**circle**
　[ˈsɜːr·kl]
　원, 동그라미

2　**waffle**
　[ˈwɑː·fl]
　와플

3　**muscle**
　[ˈmʌs·l]
　근육

4　**mountain**
　[ˈmaʊn·tn]
　산

5　**lesson**
　[ˈles·n]
　수업

6 두 블록이 연결되면 소리가 바뀌기도 한다

실제 발음이 바뀌는 경우도 있다

블록이 한 개만 있는 1음절 단어는 발음기호와 실제 발음이 거의 같습니다. 그러나 **블록이 2개 이상인 2음절 이상의 단어에서는 블록과 블록이 연결되면서 실제 발음이 발음기호와는 달라지는 경우가 종종 있습니다.** 특히 미국식 영어 발음이 그렇습니다.

대표적인 예로 water의 발음기호는 [ˈwɔːtər]지만, 미국 사람들은 [워터]가 아닌 [워러]로 발음하는 경향이 있습니다. internet(인터넷)도 발음기호는 [ˈɪntərnet]이지만, [인터넷] 대신 [인어넵]처럼 발음합니다. t가 r처럼 소리 나거나 아예 소리 자체가 없어지기도 하는 거죠.

이런 현상은 단어뿐 아니라 문장에서도 나타납니다. 예를 들면 I need you는 [아] [닏] [유]가 아니라 [아] [니] [쥬]로 소리 나죠.

한국어에서도 두 글자가 연결되면 발음이 달라지는 경우가 있습니다. 예를 들어 '같이'는 [가치]로 발음하고, '많은'은 [마는]으로 발음하죠. 만약 외국인이 철자만 보고 [가티], [만흔]이라고 발음하면 어색하게 들리겠지요?

영어는 철자만 보고는 발음을 정확히 알기 어려운데, 발음기호와도 또 다르게 발음한다니 참 읽고 쓰기 어려운 언어입니다. 그래서 미국에서도 영어 철자 맞추기 퀴즈가 유명합니다. 그냥 듣기만 해서는 철자를 맞추기 어려우니까요.

이 책을 통해 단어의 사전적인 발음과 음절 수를 공부한 다음에는 꼭 원어민들이 실제로 내는 발음을 익혀 보세요. 그래야 제대로 듣고 말할 수 있습니다.
이 책에서는 '음절'을 익히는 데 중점을 두었기 때문에 단어 속 영어 발음의 변화에 대해서는 대표적인 것만 간략하게 살피고 지나가기로 하겠습니다. 발음이 변화하거나 발음을 생략하는 내용에 대해서는 다른 책이나 강의를 참고하여 꼭 익히시기 바랍니다.

[t], [d] 발음이 [ㄹ]처럼 변한다

발음 130

원더걸스의 <Nobody>라는 노래를 들어 보면, 꼭 [노바디 노바디]가 아니라 [노바리 노바리]라고 하는 것처럼 들립니다. t나 d가 센 모음과 약한 모음 사이에 오면 [ㄹ] 소리처럼 변하기 때문입니다. water가 [워터]가 아닌 [워러]처럼 들리는 것도 같은 이유죠. 한국어 [ㅌ], [ㄷ]는 혀가 윗니 끝에 오는 소리지만, 영어의 [t], [d]는 입천장에 혀끝을 대는 소리기 때문에, 발음하다 살짝 혀에 힘을 빼면 [ㄹ] 같은 소리가 나오는 것입니다.

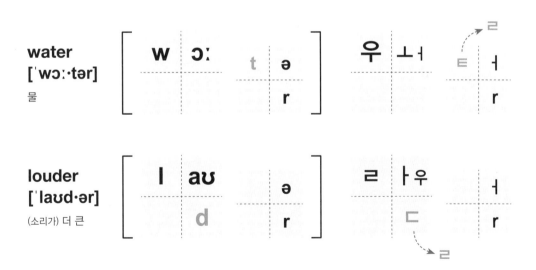

water
[ˈwɔː·tər]
물

louder
[ˈlaʊd·ər]
(소리가) 더 큰

[n] 다음의 [t], [d] 발음은 없어진다

발음 131

internet 앞부분의 int 철자처럼 n 뒤에 t가 오는 경우, [t] 소리를 발음하지 않기도 합니다. [인터넽]이 아니라 [인어넽], 영화 제목인 <Interstellar>도 [인터스텔라]가 아니라 [인어스텔라]로 발음하는 거죠. 그래서 숫자 twenty도 [트웬티]가 아니라 [트웨니]라고 발음하는 원어민이 많습니다.

d도 마찬가지로, n 뒤에 들어갈 때는 [d] 소리를 발음하지 않습니다. 그래서 sandwich는 [쌘드위취]가 아니라 [쌘위취], kindness는 [카인드너스]가 아니라 [카인너스]처럼 발음합니다.

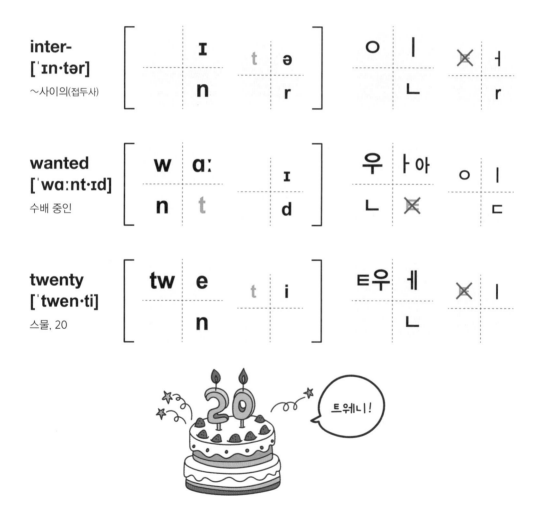

inter-
[ˈɪn·tər]
~사이의(접두사)

wanted
[ˈwɑ:nt·ɪd]
수배 중인

twenty
[ˈtwen·ti]
스물, 20

트웨니!

발음을 쉽게 하는 연음 현상

발음 132

영어는 발음을 좀 더 편하고 쉽게 하려는 연음 현상이 존재합니다. 특히 두 단어 이상을 연결해서 말할 때 두드러지게 나타나는 특징이죠. 여기에 몇 가지 주요 연음 현상을 소개합니다.

■ you를 만나면 t/d 소리가 변한다

t/d로 끝나는 단어는 뒤에 you를 만나면 발음이 바뀝니다. t는 [취] 발음이 되고, d는 [쥐] 발음이 되죠. 우리말에서 '같이'를 [가치]로 '굳이'를 [구지]로 발음하는 것과 비슷합니다. 그래서 I hate you는 [아 헤잍 유]가 아니라 [아 헤이츄], I need you는 [아 닏 유]가 아니라 [아 니쥬]처럼 소리 납니다.

| hate you | need you |
| don't you | told you |

■ 같거나 비슷한 발음이 오면 하나만 읽는다

want to처럼 같은 자음이 연달아 오는 경우에는 하나만 발음합니다. 예를 들어 want to는 [원ㅌ/투] 가 아니라 [원투]처럼 발음합니다. 같은 자음이 아니더라도 비슷한 계열 b/p, d/t, v/f/ g/k 같은 자음이 연결되면 받침소리 대신, 다음 단어의 첫 자음 소리로 발음합니다. 예를 들어 good time은 [굳 타임]이 아니라 [구타임]처럼 [d: ㄷ] 발음을 생략합니다. 보다 편하게 발음하려다 보니 이런 현상이 일어나는 것이죠.

| with this | have fun |
| all right | next door |

■ 자음이 여러 개 오면 가운데는 좀 쉬기도 한다

영어는 좀 더 편하고 쉽게 발음하려는 경향이 있습니다. 그래서 자음이 여러 개 연달아 나올 때 중간의 자음은 생략하는 경우가 있습니다. 한 단어 안에서 생략하기도 하고, 두 단어가 연결될 때 생략하기도 하죠.

예를 들어 exactly[ɪgˈzæktli] 같이 이중 받침이 들어간 단어에 -ly가 붙으면 자음 c, t, l이 연달아 오게 되니까 중간의 t는 소리 내지 않고 넘어갑니다.

또 best friend도 [best frend]처럼 stf 소리가 겹쳐서 세 개의 소리를 모두 발음하기 힘들다 보니 중간의 t를 생략하고 [besfrend]처럼 발음합니다. 팝송 가사에 자주 나오는 just love도 마찬가지입니다. [dʒʌst] [lʌv]를 합쳐서 [dʒʌslʌv]처럼 발음하죠. 모두 발음을 편하게 하려다 보니 일어나는 현상입니다.

exactly	[ɪgˈzæktli]	→	[ɪgˈzækli]
best friend	[best frend]	→	[besfrend]
just love	[dʒʌst lʌv]	→	[dʒʌslʌv]

ANSWERS

연습하기
정답

앞에서 풀어 본 '연습하기'의 정답을 확인하세요. 정확한 발음은 MP3를 듣고 원어민의 발음을 따라해 보시기 바랍니다.

Chapter 1 ▶72쪽

	[영어 발음]	한글 발음		[영어 발음]	한글 발음
1	n ʌ t	ㄴ ㅓ ㅌ	6	s ʌ m	ㅆ ㅓ ㅁ
2	d ɑː l	ㄷ ㅏ아 을	7	t æ n	ㅌ ㅐ ㄴ
3	l ɑː k	ㄹ ㅏ아 ㅋ	8	p uː l	ㅍ ㅜ우 을
4	r ɪ b	루 ㅣ ㅂ	9	dʒ ʌ g	쮸 ㅓ ㄱ
5	b ɪ n	ㅂ ㅣ ㄴ	10	w ɔː l	우 ㅗ아 을

Chapter 2 ▶ 90쪽

	[영어 발음]	한글 발음		[영어 발음]	한글 발음
1	h ɑː p	ㅎ ㅏ아 ㅍ	6	l ʌ k	ㄹ ㅓ ㅋ
2	dʒ e t	쮸 ㅔ ㅌ	7	h ɔː l	ㅎ ㅗㅓ 을
3	k ɪ t	ㅋ ㅣ ㅌ	8	s iː	ㅆ ㅣ이
4	l ʊ k	ㄹ ㅜ ㅋ	9	w ɜː r	우 ㅓ어 r
5	m æ d	ㅁ ㅐ ㄷ	10	f uː l	ㅍf ㅜ우 을

Chapter 1 ▶ 112쪽

| | [영어 발음] | 한글 발음 | | [영어 발음] | 한글 발음 |

1
$\begin{bmatrix} \text{bl} & \text{u:} \end{bmatrix}$ 블 ㅜ우

6
$\begin{bmatrix} \text{st} & \text{ɑ:} \\ & \text{r} \end{bmatrix}$ ㅅㅌ ㅏ아 r

2
$\begin{bmatrix} \text{kl} & \text{ɑ:} \\ & \text{k} \end{bmatrix}$ 클 ㅏ아 ㅋ

7
$\begin{bmatrix} \text{sn} & \text{æ} \\ & \text{k} \end{bmatrix}$ ㅅㄴ ㅐ ㅋ

3
$\begin{bmatrix} \text{dr} & \text{i:} \\ & \text{m} \end{bmatrix}$ ㄷ루 ㅣ이 ㅁ

8
$\begin{bmatrix} \text{sw} & \text{ɪ} \\ & \text{ŋ} \end{bmatrix}$ ㅅ우 ㅣ ㅇ

4
$\begin{bmatrix} \text{fr} & \text{ʌ} \\ & \text{m} \end{bmatrix}$ ㅍf루 ㅓ ㅁ

9
$\begin{bmatrix} \text{tr} & \text{ɪ} \\ & \text{p} \end{bmatrix}$ ㅌ루 ㅣ ㅍ

5
$\begin{bmatrix} \text{gr} & \text{i:} \\ & \text{n} \end{bmatrix}$ ㄱ루 ㅣ이 ㄴ

10
$\begin{bmatrix} \text{skr} & \text{u:} \end{bmatrix}$ ㅅㅋ루 ㅜ우

Chapter 2 ▶126쪽

	[영어 발음]	한글 발음		[영어 발음]	한글 발음
1	b aɪ	ㅂ ㅏ이	6	dʒ ɔɪ / n	쮜 ㅗㅓ이 / ㄴ
2	t aɪ / p	ㅌ ㅏ이 / ㅍ	7	s ɔɪ / l	ㅆ ㅗㅓ이 / 을
3	g eɪ / m	ㄱ ㅔ이 / ㅁ	8	k aʊ	ㅋ ㅏ우
4	m eɪ / l	ㅁ ㅔ이 / 을	9	t aʊ / n	ㅌ ㅏ우 / ㄴ
5	s oʊ	ㅆ ㅗ우	10	b oʊ / l	ㅂ ㅗ우 / 을

Chapter 3 ▶ 158쪽

	[영어 발음]	한글 발음		[영어 발음]	한글 발음
1	h ɪ / t	ㅎ ㅣ / ㅌ	6	r ɔː / ŋ	루 ㅗㅓ / ㅇ
2	w ɑː / ʃ	우 ㅏ아 / 쉬	7	n e / k	ㄴ ㅔ / ㅋ
3	f ɔː / ɪ	ㅍᶠ ㅗㅓ / 을	8	l ɪ / v	ㄹ ㅣ / ㅂᵛ
4	r eɪ / n	루 ㅔ이 / ㄴ	9	dʒ uː / s	쮸 ㅜ우 / ㅅ
5	l aʊ / d	ㄹ ㅏ우 / ㄷ	10	t iː / tʃ	ㅌ ㅣ이 / 취

Chapter 4 ▶ 182쪽

	[영어 발음]		한글 발음			[영어 발음]		한글 발음	

1

k	ɑː
r	d

ㅋ	ㅏ 아
r	ㄷ

6

f	æ
s	t

ㅍᶠ	ㅐ
ㅅ	ㅌ

2

k	oʊ
l	d

ㅋ	ㅗ우
을	ㄷ

7

h	oʊ
l	d

ㅎ	ㅗ우
을	ㄷ

3

d	æ
n	s

ㄷ	ㅐ
ㄴ	ㅅ

8

t	e
ks	t

ㅌ	ㅔ
ㅋㅅ	ㅌ

4

	æ
s	k

ㅇ	ㅐ
ㅅ	ㅋ

9

p	ɑː
r	k

ㅍ	ㅏ 아
r	ㅋ

5

	e
n	d

ㅇ	ㅔ
ㄴ	ㄷ

10

s	ɔː
f	t

ㅆ	ㅗ
ㅍᶠ	ㅌ

Chapter 2 ▶198쪽

[영어 발음] 한글 발음

1
b ɪ k ʌ
m

ㅂ ㅣ ㅋ ㅓ
ㅁ

2
b ɪ l iː
v

ㅂ ㅣ ㄹ ㅣ이
ㅂᵛ

3
e b oʊ
l

ㅇ ㅔ ㅂ ㅗ우
을

4
s ɪ i
t

ㅆ ㅣ ㅇ ㅣ
ㅌ

5
b ɑː i
d

ㅂ ㅏ아 ㅇ ㅣ
ㄷ

Chapter 3 ▶ 203쪽

[영어 발음]   한글 발음

1

d	ɑ:		
	k	t	ə
			r

ㄷ	ㅏ아		ㅌ	ㅓ
	ㅋ			r

2

w	ʊ		
	m		ə
			n

우	ㅜ		ㅇ	ㅓ
	ㅁ			ㄴ

3

s	æ		
	l		ə
			d

ㅆ	ㅐ		ㅇ	ㅓ
	을			ㄷ

4

p	ə	l	iː
			s

ㅍ	ㅓ	ㄹ	ㅣ이
			ㅅ

5

t	ə	d	eɪ

ㅌ	ㅓ	ㄷ	ㅔ이

PART 4

Chapter 4 ▶ 210쪽

[영어 발음]   한글 발음

1

tʃ	ɪ		ɪ
	k		n

츄 ㅣ   ㅇ ㅣ
       ㅋ   ㄴ

2

r	ɪ		ə
	b		n

루 ㅣ   ㅇ ㅓ
       ㅂ   ㄴ

3

h	ʌ		i
	n		

ㅎ ㅓ   ㅇ ㅣ
       ㄴ

4

	ɪ		ɪ
	m		dʒ

ㅇ ㅣ   ㅇ ㅣ
       ㅁ   쥐

5

pl	æ		ɪ
	n		t

플 ㅐ   ㅇ ㅣ
       ㄴ   ㅌ

Chapter 5 ▶ 217쪽

[영어 발음]　　　　　　　　　　　　　한글 발음

1

s	ɜː		k	
	r			ɪ

쓰	ㅓ어		ㅋ	
	r			을

2

w	ɑː		f	
				ɪ

우	ㅏ아		ㅍᶠ	
				을

3

m	ʌ			
	s			ɪ

ㅁ	ㅓ			
	ㅅ			을

4

m	aʊ		t	
	n			n

ㅁ	ㅏ우		ㅌ	
	ㄴ			ㄴ

5

l	e			
	s		n	

ㄹ	ㅔ			
	ㅅ			ㄴ

WORD LIST

기초 영단어
리스트

교육부에서 지정한 초등 영단어 800개 중에서 책에 있는 1음절 단어를 제외한 나머지 기초 영단어를 정리하였습니다. 단어마다 블록(□)으로 음절의 개수를 표시해 정확한 음절과 발음을 쉽게 알 수 있습니다. 정확한 발음은 QR코드를 찍어 원어민 발음을 듣고 확인하시기 바랍니다.

●단어 리스트 사용법

블록을 이용해서 기억하면 2음절 이상의 긴 단어도 철자와 발음을 익히기 쉽습니다. 지금부터 배울 단어 리스트에는 철자, 발음기호, 음절 블록, 단어 뜻이 순서대로 정리되어 있습니다. 지면 관계상 음절 블록(□)은 발음기호 옆에 작게 넣었고, 강세가 있는 대장 블록은 좀 더 크게 표시했습니다. 2음절 이상 단어에는 점(•)을 찍어서 음절을 구분해 주었습니다.
단어장을 만들 때에는 아래처럼 블록을 이용해 나만의 블록 단어장을 만들어 보세요.

capital [ˈkæp•ɪ•tl] □□□   수도

captain [ˈkæp•tɪn] □□   선장

care [ker] □   돌봄, 보살핌

a

a로 시작하는 단어

발음 133

act [ækt] □   행동
address ['æd·res] □□   주소
address [ə·'dres] □□   연설하다
afraid [ə·'freɪd] □□   두려워하는
after ['æf·tər] □□   ~후에
afternoon [æf·tər·'nu:n] □□□   오후
again [ə·'gen] □□   다시
age [eɪdʒ] □   나이
ago [ə·'goʊ] □□   ~전에
air [er] □   공기
airport ['er·pɔ:rt] □□   공항
album ['æl·bəm] □□   사진첩, 앨범
all [ɔ:l] □   모두
along [ə·'lɔ:ŋ] □□   ~을 따라서
always ['ɔ:l·weɪz] □□   항상
among [ə·'mʌŋ] □□   ~사이에
angry ['æŋ·gri] □□   성난, 화난
animal ['æn·ɪ·ml] □□□   동물
answer ['æn·sər] □□   대답
any ['en·i] □□   어떤
apartment [ə·'pɑːrt·mənt] □□□ 아파트
apple ['æp·əl] □□   사과
arm [ɑ:rm] □   팔
around [ə·'raʊnd] □□   ~주위에
arrive [ə·'raɪv] □□   도착하다
as [æz] □   ~같은, ~로서
at [æt] □   ~에
aunt [ænt] □   이모, 고모

autumn ['ɔː·təm] □□   가을
away [ə·'weɪ] □□   떨어져

b

b로 시작하는 단어

발음 134

baby ['beɪ·bi] □□   아기
balloon [bə·'lu:n] □□   풍선
banana [bə·'næn·ə] □□□   바나나
band [bænd] □   끈, 악단
basket ['bæs·kɪt] □□   바구니
be [bi:] □   ~이다
bear [ber] □   곰
beautiful ['bju:·tɪ·fl] □□□   아름다운
because [bɪ·'kɔːz] □□   ~때문에
become [bɪ·'kʌm] □□   ~이 되다
before [bɪ·'fɔːr] □□   ~전에
begin [bɪ·'gɪn] □□   시작하다
behind [bɪ·'haɪnd] □□   ~뒤에
bell [bel] □   종
below [bɪ·'loʊ] □□   ~아래에
bench [bentʃ] □   긴 의자, 벤치
beside [bɪ·'saɪd] □□   ~곁에
between [bɪ·'twi:n] □□   ~사이에
bicycle ['baɪ·sɪ·kl] □□□   자전거
birthday ['bɜːr·θ·deɪ] □□   생일
blow [bloʊ] □   (입으로) 불다
board [bɔ:rd] □   관자
body ['bɑː·d·i] □□   몸, 신체
bottle ['bɑː·t·l] □□   병

237

bread [bred] □	빵	**chance** [tʃæns] □	기회
break [breɪk] □	깨다, 부수다	**change** [tʃeɪndʒ] □	바꾸다, 변경하다
breakfast [ˈbrek·fəst] □□	아침식사	**cheap** [tʃiːp] □	값싼
bridge [brɪdʒ] □	다리	**chicken** [ˈtʃɪk·ɪn] □□	닭
bright [braɪt] □	밝은	**child** [tʃaɪld] □	아이, 어린이
brother [ˈbrʌð·ər] □□	형, 오빠, 남동생	**chopstick** [ˈtʃɑːp·stɪk] □□	젓가락
brown [braʊn] □	갈색, 갈색의	**church** [tʃɜːrtʃ] □	교회
brush [brʌʃ] □	솔, 브러시	**circle** [ˈsɜːr·kl] □□	원, 동그라미
build [bɪld] □	건설하다	**city** [ˈsɪt·i] □□	도시
burn [bɜːrn] □	불타다	**class** [klæs] □	학급
busy [ˈbɪz·i] □□	바쁜	**classmate** [ˈklæs·meɪt] □□	반 친구
butter [ˈbʌt·ər] □□	버터	**clean** [kliːn] □	깨끗한
button [ˈbʌt·n] □□	단추	**climb** [klaɪm] □	오르다, 올라가다
bye [baɪ] □	안녕 (작별 인사)	**close** [kloʊz] □	닫다
		close [kloʊs] □	가까운
		clothes [kloʊðz] □	옷
		cloud [klaʊd] □	구름

C

c로 시작하는 단어

발음 135

		club [klʌb] □	클럽
		coffee [ˈkɔː·fi] □□	커피
		color [ˈkʌl·ər] □□	색깔
		computer [kəmˈpjuː·tər] □□□	컴퓨터
calendar [ˈkæl·ən·dər] □□□	달력	**cook** [kʊk] □	요리하다
camera [ˈkæm·ər·ə] □□□	사진기, 카메라	**copy** [ˈkɑː·pi] □□	사본, 베끼다
candle [ˈkæn·dl] □□	양초	**corner** [ˈkɔːr·nər] □□	모퉁이, 코너
candy [ˈkæn·di] □□	사탕	**count** [kaʊnt] □	(수를) 세다
capital [ˈkæp·ɪ·tl] □□□	수도	**country** [ˈkʌn·tri] □□	국가, 나라
captain [ˈkæp·tɪn] □□	선장	**course** [kɔːrs] □	강의, 강좌
care [ker] □	돌봄, 보살핌	**cousin** [ˈkʌz·n] □□	사촌
carry [ˈkær·i] □□	나르다, 운반하다	**cover** [ˈkʌv·ər] □□	덮다
case [keɪs] □	경우	**crayon** [ˈkreɪ·ən] □□	크레용
ceiling [ˈsiː·lɪŋ] □□	천장	**cross** [krɔːs] □	가로지르다
center [ˈsen·tər] □□	중앙	**cry** [kraɪ] □	울다
chalk [tʃɔːk] □	분필	**cup** [kʌp] □	컵

curtain [ˈkɜːr·tn] □ □　　　　커튼

d

d로 시작하는 단어

발음 136

danger [ˈdeɪn·dʒər] □ □　　　위험

dark [dɑːrk] □　　　　　　어두운

date [deɪt] □　　　　　　　날짜

daughter [ˈdɔː·tər] □ □　　　딸

day [deɪ] □　　　　　　낮, 하루

dead [ded] □　　　　　　　죽은

dear [dɪr] □　　　사랑하는, 소중한

dial [ˈdaɪ·əl] □ □　　다이얼, 눈금판

diary [ˈdaɪ·ə·ri] □ □ □　　　일기

dictionary [ˈdɪk·ʃən·er·i] □ □ □ □　사전

die [daɪ] □　　　　　　　　죽다

dinner [ˈdɪn·ər] □ □　　　저녁식사

dirty [ˈdɜːr·ti] □ □　　　　더러운

doctor [ˈdɑːk·tər] □ □　　　　의사

dog [dɔːg] □　　　　　　　　개

dollar [ˈdɑː·lər] □ □　　　　달러

dolphin [ˈdɑːl·fɪn] □ □　　　돌고래

door [dɔːr] □　　　　　　　　문

draw [drɔː] □　　　　　　그리다

dress [dres] □　　　원피스, 드레스

drink [drɪŋk] □　　　　　마시다

drive [draɪv] □　　　　　운전하다

dry [draɪ] □　　　　마른, 건조한

duck [dʌk] □　　　　　　　오리

e

e로 시작하는 단어

발음 137

ear [ɪr] □　　　　　　　　　귀

early [ˈɜːr·li] □ □　　　　　일찍

earth [ɜːrθ] □　　　　　　　지구

east [iːst] □　　　　　　　동쪽

easy [ˈiː·zi] □ □　　　　　　쉬운

empty [ˈemp·ti] □ □　　　　텅 빈

engine [ˈen·dʒɪn] □ □　　　엔진

enjoy [ɪnˈdʒɔɪ] □ □　　　　즐기다

enough [ɪˈnʌf] □ □　　　　충분한

eraser [ɪˈreɪ·sər] □ □ □　　지우개

evening [ˈiːv·nɪŋ] □ □　　　저녁

every [ˈev·ri] □ □　　　　　모든

example [ɪgˈzæm·pl] □ □　예, 보기

excellent [ˈek·səl·ənt] □ □ □　뛰어난

excite [ɪkˈsaɪt] □ □　　흥분시키다

excuse [ɪkˈskjuːz] □ □　　용서하다

excuse [ɪkˈskjuːs] □ □　　변명, 구실

exercise [ˈek·sər·saɪz] □ □ □　연습, 운동

eye [aɪ] □　　　　　　　　　눈

f

f로 시작하는 단어

발음 138

face [feɪs] □　　　　　　　얼굴

fair [fer] □　　　　　　　공정한

family [ˈfæm·ə·li] □ □	가족
famous [ˈfeɪ·məs] □ □	유명한
far [fɑːr] □	멀리
father [ˈfɑː·ðər] □ □	아버지
few [fjuː] □	(다소 양이) 적은
field [fiːld] □	들판
fight [faɪt] □	싸움
fill [fɪl] □	채우다
film [fɪlm] □	필름
find [faɪnd] □	찾다
fine [faɪn] □	좋은, 맑은
finger [ˈfɪŋ·gər] □ □	손가락
finish [ˈfɪn·ɪʃ] □ □	끝내다
fix [fɪks] □	고정시키다
flag [flæg] □	깃발
floor [flɔːr] □	마루
flower [ˈflaʊ·ər] □ □	꽃
fly [flaɪ] □	날다
follow [ˈfɑː·loʊ] □ □	뒤를 따르다
foot [fʊt] □	발
for [fɔːr] □	~을 위하여, ~동안
forget [fər·ˈget] □ □	잊다
fresh [freʃ] □	신선한
friend [frend] □	친구
front [frʌnt] □	앞, 정면
fruit [fruːt] □	과일

g

g로 시작하는 단어

발음 139

garden [ˈgɑːr·dn] □ □	정원
gas [gæs] □	가스, 휘발유
gate [geɪt] □	문, 대문
gentle [ˈdʒen·tl] □ □	온화한, 순한
glad [glæd] □	기쁜
glass [glæs] □	유리컵
glove [glʌv] □	장갑
go [goʊ] □	가다
god [gɑːd] □	신, 하느님
grandmother [ˈgræn·mʌð·ər] □ □ □	할머니
grape [greɪp] □	포도
grass [græs] □	풀, 잔디
gray [greɪ] □	회색
great [greɪt] □	큰, 엄청난
ground [graʊnd] □	땅
grow [groʊ] □	성장하다
guitar [gɪ·ˈtɑːr] □ □	기타

h

h로 시작하는 단어

발음 140

half [hæf] □	절반
hamburger [ˈhæm·bɜːr·gər] □ □ □	햄버거
handle [ˈhæn·dl] □ □	손잡이
happen [ˈhæp·ən] □ □	발생하다

happy [ˈhæp·i] ☐ ▫		행복한
hate [heɪt] ☐		미워하다
heavy [ˈhev·i] ☐ ▫		무거운
hello [həˈloʊ] ▫ ☐		안녕, 안녕하세요
here [hɪr] ☐		여기에
hi [haɪ] ☐		안녕, 안녕하세요
hide [haɪd] ☐		숨다, 숨기다
high [haɪ] ☐		높은
hiking [ˈhaɪ·kɪŋ] ☐ ▫		하이킹
hill [hɪl] ☐		언덕
hole [hoʊl] ☐		구멍
holiday [ˈhɑːl·ə·deɪ] ☐ ▫ ▫		휴일
hope [hoʊp] ☐		희망
hose [hoʊz] ☐		호스
hospital [ˈhɑː·spɪ·tl] ☐ ▫ ▫		병원
hotel [hoʊˈtel] ▫ ☐		호텔
house [haʊs] ☐		집
how [haʊ] ☐		어떻게
hundred [ˈhʌn·drəd] ☐ ▫		백, 100
hungry [ˈhʌŋ·gri] ☐ ▫		배고픈
hurry [ˈhɜːr·i] ☐ ▫		서두르다
hurt [hɜːrt] ☐		다치게 하다

i

i로 시작하는 단어

발음 141

idea [aɪˈdiː·ə] ▫ ☐ ▫		생각, 아이디어
if [ɪf] ☐		만약, ~라면
ill [ɪl] ☐		병든
in [ɪn] ☐		~속에, ~안에

interest [ˈɪn·trəst] ☐ ▫		흥미
into [ˈɪn·tuː] ☐ ▫		~안으로
introduce [ˌɪn·trəˈduːs] ▫ ▫ ☐		소개하다
island [ˈaɪ·lənd] ☐ ▫		섬
it [ɪt] ☐		그것

j/k

j, k로 시작하는 단어

발음 142

jungle [ˈdʒʌŋ·gl] ☐ ▫		밀림, 정글
just [dʒʌst] ☐		오직, 바로
keep [kiːp] ☐		지키다, 유지하다
key [kiː] ☐		열쇠
kind [kaɪnd] ☐		친절한, 종류
kitchen [ˈkɪtʃ·ɪn] ☐ ▫		부엌
knife [naɪf] ☐		칼
knock [nɑːk] ☐		두드리다

l

l로 시작하는 단어

발음 143

lady [ˈleɪ·di] ☐ ▫		여자 분, 숙녀
lake [leɪk] ☐		호수
land [lænd] ☐		땅
large [lɑːrdʒ] ☐		큰
last [læst] ☐		마지막의, 최근의
late [leɪt] ☐		늦은

laugh [læf] □	웃다	**may** [meɪ] □	~해도 좋다
lead [liːd] □	안내하다, 이끌다	**meat** [miːt] □	고기
leaf [liːf] □	잎	**medal** [ˈmedˑl] □ □	메달
learn [lɜːrn] □	배우다	**meet** [miːt] □	만나다
leave [liːv] □	떠나다	**melon** [ˈmelˑən] □ □	멜론
lesson [ˈlesˑn] □ □	수업	**meter** [ˈmiːˑtər] □ □	미터
letter [ˈletˑər] □ □	편지	**middle** [ˈmɪdˑl] □ □	가운데, 중앙
library [ˈlaɪˑbrerˑi] □ □ □	도서관	**million** [ˈmɪlˑjən] □ □	100만
lie [laɪ] □	눕다, 거짓말하다	**minute** [ˈmɪnˑɪt] □ □	(시간의) 분, 순간
like [laɪk] □	좋아하다	**mirror** [ˈmɪrˑər] □ □	거울
lion [ˈlaɪˑən] □ □	사자	**Miss** [mɪs] □	~양 (호칭)
list [lɪst] □	목록	**model** [ˈmɑːˑdl] □ □	모형
listen [ˈlɪsˑn] □ □	듣다	**mommy** [ˈmɑːmˑi] □ □	엄마
little [ˈlɪtˑl] □ □	작은	**money** [ˈmʌnˑi] □ □	돈
lose [luːz] □	잃어버리다	**monkey** [ˈmʌŋˑki] □ □	원숭이
lot [lɑːt] □	많음, 다량	**month** [mʌnθ] □	달, 개월
low [loʊ] □	낮은	**moon** [muːn] □	달
lunch [lʌntʃ] □	점심식사	**morning** [ˈmɔːrˑnɪŋ] □ □	아침
		mother [ˈmʌðˑər] □ □	어머니
		mountain [ˈmaʊnˑtn] □ □	산
		mouth [maʊθ] □	입
		move [muːv] □	움직이다
		movie [ˈmuːˑvi] □ □	영화
		Mr. [ˈmɪsˑtər] □ □	~씨 (남자)
		Mrs. [ˈmɪsˑɪz] □ □	~씨 (여자)
		much [mʌtʃ] □	많은
		music [ˈmjuːˑzɪk] □ □	음악
		must [mʌst] □	~해야 한다

m

m으로 시작하는 단어

발음 144

ma'am [mæm] □	부인 (존칭)
make [meɪk] □	만들다
man [mæn] □	사람, 남자
many [ˈmenˑi] □ □	많은
march [mɑːrtʃ] □	행진하다
market [ˈmɑːrˑkɪt] □ □	시장
marry [ˈmærˑi] □ □	결혼하다
matter [ˈmætˑər] □ □	문제, 사안

n

n으로 시작하는 단어

발음 145

name [neɪm] □	이름
narrow [ˈner‧oʊ] □ □	좁은
near [nɪr] □	가까운, 가까이
need [niːd] □	필요하다
never [ˈnev‧ər] □ □	결코 ~않다
new [nuː] □	새로운
nice [naɪs] □	좋은
night [naɪt] □	밤
no [noʊ] □	아니, 안 돼
noise [nɔɪz] □	소음
north [nɔːrθ] □	북쪽
nose [noʊz] □	코
note [noʊt] □	쪽지, 메모
now [naʊ] □	지금
number [ˈnʌm‧bər] □ □	숫자
nurse [nɜːrs] □	간호사

o

o로 시작하는 단어

발음 146

o'clock [ə‧ˈklɑːk] □ □	~시 정각
of [ʌv] □	~의
office [ˈɔː‧fɪs] □ □	사무실
often [ˈɔːf‧tən] □ □	흔히, 종종
oh [oʊ] □	오! (감탄사)

okay [oʊ‧ˈkeɪ] □ □	응, 좋아
old [oʊld] □	늙은, 나이 든
on [ɑːn] □	~위에
once [wʌns] □	한 번
only [ˈoʊn‧li] □ □	오직
open [ˈoʊ‧pən] □ □	열다
or [ɔːr] □	또는
orange [ˈɔːr‧ɪndʒ] □ □	오렌지
other [ˈʌð‧ər] □ □	(그 밖의) 다른
over [ˈoʊ‧vər] □ □	~위쪽에

p

p로 시작하는 단어

발음 147

paint [peɪnt] □	페인트, 물감
pair [per] □	짝, 쌍
pants [pænts] □	바지
paper [ˈpeɪ‧pər] □ □	종이
pardon [ˈpɑːr‧dn] □ □	용서하다
parent [ˈper‧ənt] □ □	부모
party [ˈpɑːr‧ti] □ □	파티
pass [pæs] □	통과하다
pay [peɪ] □	지불하다
peace [piːs] □	평화
pear [per] □	배 (과일)
pencil [ˈpen‧sl] □ □	연필
people [ˈpiː‧pl] □ □	사람들
piano [pi‧ˈæn‧oʊ] □ □ □	피아노
picnic [ˈpɪk‧nɪk] □ □	소풍
picture [ˈpɪk‧tʃər] □ □	그림, 사진

piece [piːs] ☐	조각	**radio** [ˈreɪ·di·oʊ] ☐☐☐	라디오
pilot [ˈpaɪ·lət] ☐☐	비행사, 조종사	**rainbow** [ˈreɪn·boʊ] ☐☐	무지개
pine [paɪn] ☐	소나무	**ready** [ˈred·i] ☐☐	준비된
pipe [paɪp] ☐	파이프, 관	**real** [ˈriː·əl] ☐☐	진짜의, 실제의
place [pleɪs] ☐	장소	**record** [rɪ·ˈkɔːrd] ☐☐	기록하다
plane [pleɪn] ☐	비행기	**record** [ˈre·kərd] ☐☐	기록
plant [plænt] ☐	식물	**remember** [rɪ·ˈmem·bər] ☐☐☐	기억하다
play [pleɪ] ☐	놀다	**repeat** [rɪ·ˈpiːt] ☐☐	반복하다
please [pliːz] ☐	기쁘게 하다, 부디	**rest** [rest] ☐	휴식, 휴식하다
pocket [ˈpɑː·kɪt] ☐☐	주머니	**restaurant** [ˈres·tə·rɑːnt] ☐☐☐	식당
point [pɔɪnt] ☐	점수, 요점	**return** [rɪ·ˈtɜːrn] ☐☐	돌아오다, 돌아가다
police [pə·ˈliːs] ☐☐	경찰	**ribbon** [ˈrɪb·ən] ☐☐	리본
poor [pɔːr] ☐	가난한	**rice** [raɪs] ☐	쌀
post [poʊst] ☐	우편, 우편물	**ride** [raɪd] ☐	타다
poster [ˈpoʊ·stər] ☐☐	포스터, 벽보	**right** [raɪt] ☐	오른쪽, 옳은
potato [pə·ˈteɪ·toʊ] ☐☐☐	감자	**river** [ˈrɪv·ər] ☐☐	강
practice [ˈpræk·tɪs] ☐☐	연습, 습관	**road** [roʊd] ☐	길
present [ˈprez·nt] ☐☐	선물	**robot** [ˈroʊ·bɑːt] ☐☐	로봇
present [prɪ·ˈzent] ☐☐	증정하다	**rocket** [ˈrɑː·kɪt] ☐☐	로켓
pretty [ˈprɪt·i] ☐☐	예쁜	**roll** [roʊl] ☐	구르다, 굴러가다
print [prɪnt] ☐	인쇄하다	**roof** [ruːf] ☐	지붕
problem [ˈprɑːb·ləm] ☐☐	문제	**room** [ruːm] ☐	방
pull [pʊl] ☐	끌다, 당기다	**rose** [roʊz] ☐	장미
		round [raʊnd] ☐	둥근
		ruler [ˈruː·lər] ☐☐	자

q/r

q, r로 시작하는 단어

발음 148

question [ˈkwes·tʃən] ☐☐	질문
quick [kwɪk] ☐	빠른
quiet [ˈkwaɪ·ət] ☐☐	조용한

s

s로 시작하는 단어

발음 149

safe [seɪf] ☐	안전한

salad [ˈsæl·əd] □	샐러드	**snow** [snoʊ] □	눈
same [seɪm] □	같은	**so** [soʊ] □	그래서, 그러므로
sand [sænd] □	모래	**soccer** [ˈsɑː·kər] □□	축구
say [seɪ] □	말하다	**sock** [sɑːk] □	양말 (한 짝)
score [skɔːr] □	점수	**son** [sʌn] □	아들
season [ˈsiː·zn] □□	계절	**soon** [suːn] □	곧, 금방
seat [siːt] □	자리, 좌석	**sorry** [ˈsɑːr·i] □□	유감스러운, 안쓰러운
see [siː] □	보다	**sound** [saʊnd] □	소리
sell [sel] □	팔다	**south** [saʊθ] □	남쪽
send [send] □	보내다	**space** [speɪs] □	공간, 우주
service [ˈsɜːr·vɪs] □□	서비스	**speak** [spiːk] □	이야기하다, 말하다
shall [ʃæl] □	~일 것이다	**speed** [spiːd] □	속도
shape [ʃeɪp] □	모양	**spell** [spel] □	철자를 말하다
sheep [ʃiːp] □	양	**spend** [spend] □	(돈을) 쓰다, (시간을) 들이다
sheet [ʃiːt] □	시트, 한 장	**sport** [spɔːrt] □	스포츠, 운동 경기
shirt [ʃɜːrt] □	셔츠	**square** [skwer] □	정사각형
shoe [ʃuː] □	구두, 신발 (한 짝)	**stairs** [sterz] □	계단
shoot [ʃuːt] □	(총을) 쏘다	**stamp** [stæmp] □	우표, 도장
short [ʃɔːrt] □	짧은	**stand** [stænd] □	서다
shoulder [ˈʃoʊl·dər] □□	어깨	**start** [stɑːrt] □	시작하다, 출발하다
shout [ʃaʊt] □	외치다	**station** [ˈsteɪ·ʃn] □□	역
show [ʃoʊ] □	보여 주다	**steam** [stiːm] □	증기
shower [ˈʃaʊ·ər] □□	소나기, 샤워	**step** [step] □	걸음, 단계
side [saɪd] □	옆, 측면	**stick** [stɪk] □	막대기
silver [ˈsɪl·vər] □□	은	**stone** [stoʊn] □	돌, 돌멩이
sister [ˈsɪs·tər] □□	누나, 언니, 여동생	**store** [stɔːr] □	가게
size [saɪz] □	크기	**storm** [stɔːrm] □	폭풍우
skate [skeɪt] □	스케이트	**story** [ˈstɔːr·i] □□	이야기
skirt [skɜːrt] □	치마	**stove** [stoʊv] □	스토브, 난로
slide [slaɪd] □	미끄러지다	**straight** [streɪt] □	똑바로, 곧장
slow [sloʊ] □	느린	**strawberry** [ˈstrɔː·ber·i] □□□	딸기
smile [smaɪl] □	미소 짓다	**street** [striːt] □	거리, 도로
smoke [smoʊk] □	연기	**strike** [straɪk] □	치다, 때리다

student [ˈstuː·dnt] □ □	학생	**the** [ðə] □	그 (정관사)
study [ˈstʌd·i] □ □	공부하다	**there** [ðer] □	그곳에, 거기에
stupid [ˈstuː·pɪd] □ □	어리석은	**thing** [θɪŋ] □	것, 물건
subway [ˈsʌb·weɪ] □ □	지하철	**think** [θɪŋk] □	생각하다
sugar [ˈʃʊg·ər] □ □	설탕	**thirsty** [ˈθɜːr·sti] □ □	목마른
summer [ˈsʌm·ər] □ □	여름	**thousand** [ˈθaʊ·znd] □ □	천, 1000
supermarket [ˈsuː·pər·ˌmɑːr·kət] □ □ □ □		**through** [θruː] □	~을 통해서
	슈퍼마켓	**throw** [θroʊ] □	던지다
supper [ˈsʌp·ər] □ □	저녁식사	**ticket** [ˈtɪk·ɪt] □ □	표, 티켓
sure [ʃʊr] □	확신하는	**tie** [taɪ] □	묶다, 넥타이
surprise [sər·ˈpraɪz] □ □	놀라게 하다	**tiger** [ˈtaɪ·gər] □ □	호랑이
sweater [ˈswet·ər] □ □	스웨터	**till** [tɪl] □	~까지
sweet [swiːt] □	달콤한	**tired** [taɪərd] □	피곤한
switch [swɪtʃ] □	스위치	**to** [tuː] □	~으로, ~까지
		today [tə·ˈdeɪ] □ □	오늘
		together [tə·ˈgeð·ər] □ □ □	함께
		tomato [tə·ˈmeɪ·toʊ] □ □ □	토마토

t

t로 시작하는 단어

발음 150

		tomorrow [tə·ˈmɑːr·oʊ] □ □ □	내일
		tonight [tə·ˈnaɪt] □ □	오늘 밤
		too [tuː] □	또한, 역시
table [ˈteɪ·bl] □ □	식탁, 탁자	**tooth** [tuː·θ] □	이, 치아
tape [teɪp] □	테이프	**top** [tɑːp] □	꼭대기
taste [teɪst] □	맛, 맛이 ~하다	**train** [treɪn] □	기차
taxi [ˈtæk·si] □ □	택시	**travel** [ˈtræv·l] □ □	여행하다
tea [tiː] □	홍차	**true** [truː] □	사실인, 참된
telephone [ˈtel·ə·ˌfoʊn] □ □ □	전화기	**try** [traɪ] □	노력하다, 시도하다
television [ˈtel·ə·ˌvɪʒ·ən] □ □ □ □	텔레비전	**tulip** [ˈtuː·lɪp] □ □	튤립
temple [ˈtem·pl] □ □	절, 사원	**turn** [tɜːrn] □	돌다, 돌리다
tennis [ˈten·ɪs] □ □	테니스	**twice** [twaɪs] □	두 번
test [test] □	시험, 검사		
than [ðæn] □	~보다		
thank [θæŋk] □	감사하다		

u / v

u, v로 시작하는 단어

발음 151

umbrella [ʌm·ˈbrel·ə] □ □ □	우산
uncle [ˈʌŋ·kl] □ □	삼촌
under [ˈʌn·dər] □ □	~아래에
understand [ˌʌn·dər·ˈstænd] □ □ □	이해하다
until [ʌn·ˈtɪl] □ □	~까지
use [juːz] □	사용하다
use [juːs] □	사용, 이용
usual [ˈjuː·ʒu·əl] □ □ □	보통의
vacation [və·ˈkeɪ·ʃn] □ □ □	휴가
vegetable [ˈvedʒ·tə·bl] □ □ □	채소
very [ˈver·i] □ □	대단히, 매우
village [ˈvɪl·ɪdʒ] □ □	마을
violin [vaɪ·ə·ˈlɪn] □ □ □	바이올린
visit [ˈvɪz·ɪt] □ □	방문하다

water [ˈwɔː·tər] □ □	물
way [weɪ] □	길
weak [wiːk] □	약한
wear [wer] □	(옷을) 입고 있다
weather [ˈweð·ər] □ □	날씨
week [wiːk] □	한 주, 일주일
welcome [ˈwel·kəm] □ □	환영하다
well [wel] □	잘, 좋게
west [west] □	서쪽
where [wer] □	어디에
which [wɪtʃ] □	어느 쪽, 어느 것
wide [waɪd] □	넓은
will [wɪl] □	~할 것이다
win [wɪn] □	이기다
wind [wɪnd] □	바람
window [ˈwɪn·doʊ] □ □	창문
winter [ˈwɪn·tər] □ □	겨울
woman [ˈwʊm·ən] □ □	여자
wonder [ˈwʌn·dər] □ □	궁금해하다
word [wɜːrd] □	단어, 말
work [wɜːrk] □	일, 일하다

w

w로 시작하는 단어

발음 152

wait [weɪt] □	기다리다
wake [weɪk] □	(잠에서) 깨다
want [wɑːnt] □	원하다
war [wɔːr] □	전쟁
warm [wɔːrm] □	따뜻한
waste [weɪst] □	낭비하다
watch [wɑːtʃ] □	보다

y / z

y, z로 시작하는 단어

발음 153

year [jɪr] □	해, 1년
yellow [ˈjel·oʊ] □ □	노란, 노란색
yes [jes] □	네 (대답)
yesterday [ˈjes·tər·deɪ] □ □ □	어제
zero [ˈzɪr·oʊ] □ □	영, 0

●사전에 따른 발음기호 비교표

모음 발음기호는 사전에 따라 조금씩 표기 방법이 다릅니다. 공부할 때 활용할 수 있도록 주요
사전의 발음기호를 정리했으니 사전을 찾아볼 때 참고하세요.

이 책	네이버	다음	Longman	Cambridge	Oxford	Collins	Macmillan
ɑː*	ɑː	a	ɑː	ɑː	ɑ	ɑ	ɑ
e	e	e	e	e	ɛ	e	e
ɪ	ɪ	i	ɪ	ɪ	ɪ	ɪ	ɪ
ʊ	ʊ	u	ʊ	ʊ	ʊ	ʊ	ʊ
æ	æ	æ	æ	æ	æ	æ	æ
ʌ	ʌ	ʌ	ʌ	ʌ	ʌ	ʌ	ʌ
ɔː	ɔː	ɔː	ɔː	ɔː	ɔ	ɔ	ɔ
ɜː	ɜː	əː	ɜː	ɝː**	ə	ɜ	ɜ
iː	iː	iː	iː	iː	i	i	i
uː	uː	uː	uː	uː	u	u	u
oʊ	oʊ	ou	oʊ	oʊ	oʊ	oʊ	oʊ
aʊ	aʊ	au	aʊ	aʊ	aʊ	aʊ	aʊ
aɪ	aɪ	ai	aɪ	aɪ	aɪ	aɪ	aɪ
eɪ	eɪ	ei	eɪ	eɪ	eɪ	eɪ	eɪ
ɔɪ	ɔɪ	ɔi	ɔɪ	ɔɪ	ɔɪ	ɔɪ	ɔɪ
er	er	ɛər	er	er	ɛr	ɛr	er
ɪr	ɪr	iər	ɪr	ɪr	ɪr	ɪr	ɪr
ʊr	ʊr	uər	ʊr	ʊr	ʊr	ʊr	ʊr

  * [ɑː]를 영국식 영어사전에서는 거꾸로 된 [ɒ]로 표기하는 경우도 있습니다.
** [ɜːr]을 이렇게 표기합니다.